Sujet rebelle, Homme sans Foi,
Des Français trop long'tems j'ai bravé la Vengeance;
J'ai tenté d'égorg'es mon Frère dans leur Roi,
Et j'ai causé les maux qui déchirent la France.

VIE PRIVÉE

DE CHARLES-PHILIPPES

DE FRANCE,

CI-DEVANT COMTE D'ARTOIS,

FRERE DU ROI,

Et fa Correfpondance avec fes Complices,

Ornée de fon Portrait, gravé d'apres nature,

Pour fervir de clef à la Révolution Française, & de fuite aux Vies de *Marie-Antoinette d'Autriche*, Reine de France; de *Louis-Philippes d'Orléans*; de *Louis-François-Joseph de Conti*; de *Louis-Joseph de Condé*; de l'agioteur *Necker*, ci-devant Directeur-général des Finances; de *Jean-Sylvain Bailly*, Maire de Paris; & du général *Mottier*, dit *la Fayette*, Commandant-général des Bleuets Parifiens.

SECONDE ÉDITION,

Revue, corrigée et augmentée.

A TURIN,

1791.

AVIS DE L'ÉDITEUR.

Parmi toutes les Vies qui ont paru depuis la Révolution, il en est peu auxquelles on puisse s'en rapporter entièrement, sans craindre d'être induit en erreur. Nous garantissons la fidélité de celle-ci, & cette seconde édition, sur-tout, a été diminuée & augmentée sur des pièces authentiques, qui nous ont été communiquées.

INTRODUCTION.

SI l'homme de lettres qui entreprend de parcourir la carrière pénible d'historien, ne devait avoir pour but qne de présenter à ses lecteurs, les exploits & les vertus de ses héros, s'il ne vouloit offrir à ses concitoyens, que la vie des personnages qui ont acquis ces droits éternels à la-mour des peuples, nous nous serions bien gardés d'écrire la vie dont présentons une seconde édition à nos lecteurs. Mais s'il est nécessaire de faire conaître aux comtemporains & à la postérité, les hommes élevés qui ont fait quelque bien à leurs semblables, il ne l'est pas moins de vouer à l'exécration de tous les siècles, les monstres dont la sacrilège existence a été une chaîne non-interrompue d'attentats de tous les genres, & qui ont

A 2

voulu noyer dans un fleuve de sang, la patrie qui les a vus naître. Il est bon, d'ailleurs, d'instruire de bonne-heure leurs enfans, de leur inspirer une horrèur profonde pour les crimes de leurs ancêtres, & de leur persuader que ces mêmes peuples, qu'ils regardent comme des esclaves, sont des philosophes éclairés qui les jugent à la rigueur. On se rappelle avec attendrissement, & l'on bénit sans cesse la mémoire des princes qui se sont montrés justes, humains & bienfaisans, & par une raison contraire, (disait l'immortel auteur de l'histoire d'un roi qui a fait l'admiration de son siècle,) on garde le souvenir des mauvais princes, comme on se souvient des inondations, des incendies & des pestes. (1)

La vie que nous publions aujourd'hui portera peut-être, le repentir dans l'ame

---

(1) *Vide* le discours sur l'histoire de Charles XII, par Voltaire.

d'un prince qui n'a jusqu'ici compté ses jours que par ses forfaits. Il cherchera peut-être à appaiser une nation qu'il a voulu livrer au fer meurtrier d'une horde d'assassins aussi lâches que lui. Alors nous implorerons en sa faveur l'indulgence publique, & il ne dépendra pas de nous qu'un pardon généreux ne lui soit acordé, par ce même peuple dont le mépris & l'indignation le poursuivent par-tout, & contre la liberté duquel il arme encore en ce moment toutes les puissances Européennes.

Il serait à désirer que l'histoire des rois & des princes fut écrite de leur vivant., & qu'on proposât même des récompenses pour ceux qui s'en occuperaient. Elle les éclairerait sur leurs devoirs ; & en donnant de grandes leçons à tous ceux qui disposent de quelqu'autorité, elle présenterait aux hommes qui gouvernent, ou qui sont appellés à gouverner les nations, le tableau des vertus qu'ils doivent imiter, des faiblesses , des vices & des crimes qui flétrissent la mémoire de leurs ayeux ; ils sauraient que l'éclat de leur nom, de leurs dignités & de leurs richesses , n'en impose qu'à la multitude, que les gens éclairés savent les réduire à leur juste valeur, qu'ils ne leur témoignent quelques égard que parce qu'ils redoutent leur tyrannie (1). Ils apprendraient enfin à respecter & à craindre cette opinion publique qui est l'âme des belles actions, & qui a fait jusqu'ici tant de grands hommes.

---

(1) Depuis l'abolition de la servitude, la fuite des chefs de la cabale, qui voulait livrer Paris au fer & aux flammes, & en faire un monceau de ruines ; depuis le supplice des *Foulon*, des *Bertier*, des *de Launay*, & des *Flesselles*, la destruction du régime féodal & des trois ordres , nous n'avons plus à plaindre la tyrannie des *ci-devant* grands et nous pouvons peindre les ennemis de la nation , sous les couleurs odieuses qui leur conviennent, sans avoir à redouter leurs fureurs.

VIE PRIVÉE
DE CHARLES-PHILIPPES
DE FRANCE,
CI-DEVANT COMTE D'ARTOIS,
FRERE DU ROI.

Monſtrum horrendum, infame. . . . . .
Virg. Eneidos.

CHARLES - PHILIPES DE FRANCE, *ci-devant* (1) COMTE D'ARTOIS, frère du Roi, naquit à Verſailles le 9 octobre 1757, de *Louis*, Dauphin de France, mort le 20 dé-

---

(1) On ſe rappelle le décret de l'aſſemblée nationale, du 19 juin dernier (1790) qui abolit pour toujours la nobleſſe héréditaire, les armoiries, & les titres de *prince*, *comte*, *marquis*, *vicomte*, *vidame*, *baron*, *chevalier*, *meſſire*, *écuyer*, *noble*, *monſeigneur & meſſeigneurs*, *excellence*, *alteſſe*, *grandeur*, *éminence*, même celui d'*abbé*, & tous autres titres ſemblables. Déſormais les hommes n'en impoſeront plus à leurs ſemblables, par une énumération faſtidieuſe de titres, & par une exceſſive opulence, à l'aide deſquelles ils s'érigeaient en deſpotes, & écraſaient du poids de leur inſatiable ambition, la claſſe indigente dont les ſervices leur étaient ſi néceſſaires. Ils ne ſe diſtingueront plus que par leurs

cembre 1765 (1) et de *Marie-Joſephe de Saxe*, décédée Dauphine douairière, le 13 mars 1767. La couche de ſa mère fut, comme celle de *Louis-Joſeph de Conti*, très-laborieuſe. Enfin on parvint, avec les ſecours de l'art, à la tirer du danger qui menaçait ſes jours, et à lui rendre les forces et la ſanté. L'enfant eut une nourrice qui eſſuya, tant de la part des médecins que de pluſieurs autres rivales ambitieuſes qui voulaient la déplacer, toutes les tracaſſeries d'uſage à la Cour, lorſqu'il s'agit de faire la nourriture d'un prince. Elle les ſouffrit ſans ſe plaindre, pour ne pas renverſer en un inſtant l'édifice de ſa fortune, ſes eſpérances & celles de ſa famille, qui voyait s'ouvrir devant elle la route des récompenſes & des honneurs.

Elevé dans le ſein d'une cour dépravée, où

---

vertus, & l'on verra reparaître la pauvreté, l'humilité, la charité, la tempérance, & les autres vertus évangéliques, que la gent ſacerdotale avait bannies de deſſus la terre. Les prêtres abjureront cet égoïſme criminel qui leur faiſait fermer les yeux ſur la miſère & les ſouffrances de leurs frères. L'aſſemblée nationale n'eut-elle rendu que ce ſervice à l'humanité, elle mériterait la vénération & la reconnoiſſance de la génération préſente, & de celles qui doivent la ſuivre.

(1) Il eſt inutile de rapporter ici les circonſtances qui ont précédé & ſuivi la fin tragique de ce prince ambitieux. Perſonne n'ignore par qui & pourquoi il a été empoiſonné, n'étant encore âgé que de trente-ſix ans trois mois et demi.

la vertu paſſa toujours pour une chimère , & par
des femmes corrompues , qui applaudiſſaient à
ſes penchans les plus déréglés, comme le font ordinairement celles qui dirigent l'enfance des princes,
l'illuſtre nourriſſon balbutiait à péine , que c'était
pour rapporter les expreſſions obſcènes qu'il entendait ſans ceſſe autour de lui, ce qui excitait
le rire & les applaudiſſemens de ſes lubriques
gouvernantes , qui regardaient cette corruption
comme l'effet des plus heureuſes diſpoſitions , &
comme l'annonce d'un eſprit brillant qui ſe dé-
velopperait un jour de la manière la plus avan-
tageuſe.

Il ſerait inutile de nous appeſantir ſur les par-
ticularités minutieuſes relatives à l'enfance de
Charles - Philippes. Nous dirons ſeulement qu'il
était à peine ſorti du berceau, qu'on vit éclore
en lui le germe de tous les vices. Tantôt arro-
gant & impérieux , tantôt hypocrite, inſinuant
& ſouple juſqu'à la baſſeſſe , quand il voulait
obtenir quelque choſe, toujours traître dans ſes
actions , eſpion & délateur de celles des femmes
qui l'entourait. . . Telle eſt l'eſquiſſe du caractère monſtrueux qu'il développa, & qui fit dès-
lors prévoir aux hommes éclairés , les maux qu'il
cauſerait un jour à ſa patrie.

Dès que le tems où les enfans des princes
ſortent des mains des femmes pour paſſer dans celles
des hommes fut arrivé , on ſongea à donner un
gouverneur au petit Charles-Philppes. Avec les
principes dont on avait jetté la dangereuſe ſe-
mence dans ſon ame, il lui fallait un de ces hommes
à ſoutane violette, qui portent la dépravation
des mœurs à ſon comble , & regardent cette re-

ligion sainte, dont ils sont les ministres, comme une invention de la politique, propre seulement à en imposer à l'ignorant vulgaire, & à accumuler sur eux & leurs familles, les dignités & les richesses. Il fallait en un mot, un de ces évêques de ruelle, à qui, l'*Aretin*, *le Portier des Chartreux*, *le Lutteur d'Hercules*, & une infinité d'autres livres de cette nature, servent de bréviaire. On jetta donc les yeux sur l'abbé de *Coetlosquet*, évêque de Limoges. Le prélat justifiat parfaitement le choix qu'on **avait** fait de lui, & donnant à l'auguste enfant un précepteur dont les aventures galantes, les dettes & les dépenses énormes, faisaient depuis long-tems l'objet de presque toutes les conversations de la Cour & de la ville.

On pense bien qu'avec de pareils maîtres, il n'était guères question d'étude. Les livres frivoles ou obscènes furent substitués à l'immortel ouvrage de Fénélon, (1) & aux autres livres qu'on met entre les mains des jeunes gens pour leur éducation. Dans celles de Charles-Philippes, l'auteur de la nature fut absolument oublié, & l'on eut soin d'alimenter son orgueil, en lui faisant des récits aussi pompeux que mensongers, des prétendues belles actions de ses ancêtres, dont la plupart sont aujourd'hui l'objet du mépris & de l'exécration des gens instruits, en même-tems qu'ils recueillent l'admiration & les éloges d'une multitude égarée par des plumes vénales, qui ont divisé leurs foiblesses & leurs crimes.

Combien d'illustres morts, dont l'histoire eut offert à leurs neveux une suite d'actions

____

(1) Télémaque.

(11)

éclatantes, & d'exemples d'honneur, de courage, de générosité, de grandeur d'ame, d'héroïsme, & de toutes les autres vertus qui honorent l'espèce humaine, sont maintenant engloutis dans la poussière du tombeau, parce qu'aucun écrivain ne les a tirés de l'oubli! On écrit cependant la vie des mauvais princes, & l'on nous présente comme de grands hommes des tyrans qui ont désolé la terre. De-là des idées fausses, l'ignorance & les préjugés qui avilissent une nation que toutes les autres devaient prendre pour leur modèle.

Le jeune élève ne manqua pas de faire des progrès rapides sous ses instituteurs, de sorte qu'avant l'âge de quinze ans, il joignait aux qualités dont nous avons précédemment donné l'idée, une ignorance parfaite, une présomption insupportable, & un libertinage de la dernière espèce.

C'est ainsi, il faut le dire à la honte d'une nation, maintenant la première du monde, qu'ont été élevés tous les Bourbons. Sans culture, sans principes, sans intelligence, sans vertu, souvent sans caractère, jouets de favoris méprisables, de ministres pervers & de femmes prostituées (1)

----

(1) A ces traits, il n'est personne qui ne reconnoisse particulièrement Louis XV, perpétuellement joué & méprisé par ses ministres, ses courtisans & ses catins, telles que la *Poisson*, devenue marquise de *Pompadour*, quoique fille d'un traitant & petite-fille du boucher des Invalides; la *Lange*, qui, fille d'un religeux du Tiers-Ordre

ils ont toujours été inhabiles à commander , &
ont caufé tous les maux qui ont accablé leur empire.

Le tems arriva ou le gouverneur & le précepteur du jeune prince reçurent la récompenfe

---

Saint-François, nommé *le frere Ange* , & d'une cui-
finiere , a été cependant métamorphofée en
comteffe *du Barry* , & une infinité d'autres prof-
tituées , dont la nomenclature ferait auffi longue
que dégoûtante.

Il faut convenir cependant que malgré le rôle
méprifable qu'une ambition démefurée lui faifait
jouer à la cour, (rôle qui fouvent lui arrachait
les larmes, ainfi qu'elle l'écrivait à la marquife
de Fontenailles) la *Pompadour* avait plufieurs
qualités qui l'euffent fait eftimer dans la fociété.
Elle était fenfible, généreufe, philofophe même,
fi l'on peut allier la philofophie avec la vie qu'elle
menait, elle aimait & protégeait les favans. » Con-
» tinuez à inftruire les hommes, écrivait - elle à
» Voltaire ; ils en ont bien befoin : pour moi
» je continuerai à vous lire & à vous admirer...
» . . . .
» Adieux , Apollon , les bonne nouvelles que
» j'apprends de votre fanté , me font très-agréa-
» bles : ma joie ferait complette, fi je pouvais
» vous êtes utile à quelque chofe, & voir la
» France plus heureufe. »

On trouve encore des preuves du refpect de la
marquife de Pompadour pour les favans, dans
une lettre qu'elle écrivait à Montefquieu en
1751. » J'ai reçu votre livre , (*l'Efprit des*

qui leur avait été promise pour ce qu'on appellait à la cour son éducation. Alors, l'adolescent se vit

---

» *Loix*) lui marquait-elle, et je vous en suis
» très-obligée : il est admirable, et je lui ai donné
» la première place dans ma petite bibliothéque,
» qui n'est composée que d'auteurs, qui, comme
» vous, font honneur à la France, et excitent
» l'envie des étrangers. Vous méritez le titre de
» législateur de l'Europe, et je ne doute pas
» qu'on ne vous l'accorde bientôt unanimement.
» . . . .
» Je vous remercie, Monsieur, de vos compli-
» mens, quoique je ne les mérite pas, ils ne
» laissent pas de me donner quelque vanité, en
» m'apprenant que vous avez quelqu'estime pour
» moi. Je vous prie de faire mes civilités à ma-
» dame la duchesse d'*Aiguillon* : elle est bien heu-
» reuse de vous voir & de vous parler tous les
» jours. Je n'ai pas même la satisfaction de con-
» verser avec des sages ; car il n'y en a point
» ici. . . . . Venez quelquefois me
» voir, m'instruire, *& me consoler* ».

Enfin, on peut dire avec vérité que la Pompadour n'a point avili le monarque, comme les courtisannes, soit privées, soit publiques, qui l'ont remplacée auprès de lui. La *du Barry*, au contraire était une libertine effrennée, qui après avoir vécu dans les halles & les taudions, & épuisé un millier d'hommes de la plus crapuleuse espèce, n'offrit à son amant royal qu'un cœur usé & capable des sensations. Elle le plon-

tout-à-fait, maître de lui-même ; & si ses maîtres avaient été les auteurs & les compagnons de ses débauches, pendant qu'ils étaient auprès de lui, il s'y livra désormais avec une liberté entière.

Le premier usage qu'il en fit, fut en faveur d'une prêtresse de Priape, nommée *Flore*, qui trafiquait alors ses appas chez la *Gourdan* (1). Cette fille qui se trouvait fort honorée de recevoir dans ses bras, un prince du sang, témoigna à son nouveau *Zéphir*, la plus vive tendresse, & contracta des dettes immenses, pour meubler, dans un beau quartier de la capitale, un appartement digne de le recevoir.

En prenant le parti de quitter la Gourdan, Flore crut ne devoir point mettre d'abord son amant à contribution, pour se l'attacher davantage, & piquer par suite une générosité dont elle ne tirait pas déjà très-bon augure. Mais bientôt ennuyée de ne trouver en lui qu'un homme aussi avare dans ses dons, que crapuleux dans ses jouissances, elle rompit ouvertement avec lui, en le laissant couvert de honte de se voir

---

gea dans les plus sales débauches, & lui donna la passion du vin, à la faveur de laquelle elle lui extorqua tant de *bons* qui ont ruiné la France. Avant sa fuite honteuse le monstre dont nous écrivons la vie, allait souvent la visiter à *Lucienne*, près de Marly, où l'on assure qu'elle vient de terminer sa méprisable carrière.

(1) A cette époque la Gourdan tenait son B . . . . rue des deux portes saint-Sauveur.

conduit & méprisé par une fille qu'il croyait ho-
norer, en s'attachant à son char.

Rendu à lui-même, Charles-Philippes réfléchit
sur sa bassesse, & sur l'humiliation qu'il venait
d'éprouver de la part de Flore. Après avoir été
long-tems indécis sur la manière dont il devait
lui témoigner son ressentiment, il résolut de se
rendre chez elle avec plusieurs libertins déguisés,
& de la faire jetter par ses fenêtres. Il fit part de
son projet aux hommes perdus de mœurs, qu'il
voulait associer à son exécution., Ceux-ci jaloux
de mériter la bienveillance & la protection qu'il
ne manqua pas de leur promettre, consentirent
à tout ce qu'il voulut, & se présentèrent en con-
séquence au jour & à l'heure marqués chez Flore,
sur laquelle ils se promettaient d'exercer une
vengeance terrible.

Cette fille était alors au milieu d'un essaim
d'adorateurs, auxquels elle donnait à souper, &
sur lesquels elle fondait l'espérance d'établir une
maison de jeu dont elle se promettait des béné-
fices considérables.

On lui annonce le prince sous un nom supposé.
Elle se présente au-devant de lui dans une pièce
voisine de celle où sa compagnie était réunie.
Elle le reconnaît, & lui demande ce qui l'amène,
ainsi que les personnes qui l'accompagnent.
Des injures & des mauvais traitemens sont la
seule réponse. Ils allaient la jetter par la fenêtre,
lorsqu'à ses cris les gens qu'elle rassemblait ac-
courent l'épée à la main, & sont témoins de
voies de fait qui les surprennent autant qu'elles
excitent leur fureur.

Charles-Philippes & ses adhérens étonnés de

la résistance imprévue qu'ils éprouvent, & saisis d'effroi, affectent bonne contenance en disant qu'ils se trompent de maison, & qu'ils vont se retirer, après avoir payer le dégât qu'ils ont pu faire. Mais leur procédé paraît si lâche, que leurs excuses sont regardées comme de nouvelles insultes.

Alors l'action s'engage de part & d'autre. L'épée, le bâton, les coups de poings, sont les differens genres de combat de nos athletes; plusieurs de la troupe de Charles-philippes restent sur le carreau : lui seul, spectateur, *bravement* réfugié dans une harmoire voisine échappe aux coups meurtriers qui pleuvent sur ses camarades, mais enfin, il est découvert & après avoir été outragé de mille manieres, il demande, à genoux, la tête nue, & les yeux baignés de larmes, les pardons les plus humilians, pour éviter le juste châtiment qui le menace.

Cependant la scène bruyante qui se passait chez Flore, avait attiré autour de la maison une foule considérable de citoyens de toutes les classes, qui criaient à la garde & au meurtre, & qui brisaient les portes, en appellant du secours. Le commissaire du quartier, averti de ce qui se passe, accourt à la tête d'une armée de sbirres, pour s'emparer des combattans. Mais déja Flore, & tous ceux qui n'avaient pas été estropiés ou tués, avaient pris la fuite par un escalier dérobé, pour se soustraire aux poursuites de la justice. Ses officiers du Châtelet (1) vinrent reconnaître

---

(1) Tribunal maintenant supprimé, & qui a long-temps existé avec éclat.

&

& enleva les cadavres. A l'égard de ceux que leurs blessures avaient laissés sur la place, ils furent arrêtés avec Charles - Philippes , & jettés comme lui dans les prisons, pour y rester jusqu'au jugement du procès qu'ils devaient subir.

D'Artois fit informer sur l'heure le lieutenant de police *Sartine*, de ce qui venait de lui arriver. Celui-ci, au lieu de recevoir avec toute la sérénité d'un magistrat, la missive d'un libertin auquel il ne devait que du mépris, envoya chercher le commissaire, & parce qu'il avait fait son devoir en punissant les auteurs d'un désordre qui avait troublé la tranquillité publique, il lui fit les reprimandes les plus mortifiantes. Cette avanture fit long-tems la matiere des conversations de la Capitale, & fut aussi connu à la Cour, où notre héros de ruelle fut raillé comme il le méritait.

Il y avait tout lieu de croire qu'il ferait de sérieuses réflexions sur lui-même, & que sa qualité de prince, méconnue par des gens qui venaient d'imprimer sur lui une tache indélébile, l'empêcherait de tomber désormais dans d'autres fautes de cette nature ; mais au lieu de devenir plus *sage*, il se livra bientôt à de nouvelles débauches, avec une foule de prostituées qui lui communiquèrent cette maladie honteuse dont les ravages sur l'espèce humaine sont si effrayans.

Lorsqu'il eut, pendant plusieurs mois, promené dans tous les mauvais lieux de Paris, le venin funeste qui minait sourdement son existence, il fut question de le marier. Sur les propositions qu'on lui fit à cet égard, il se déclara pour mademoiselle *de Condé*, à laquelle il témoignait depuis long-tems beaucoup d'égards,

C

d'attachement & même de passion. Mais l'intrigant *Choiseuil*, Ministre de la Guerre, qui comme ses semblables & les concubines, gouvernait l'état, ayant prétendu que des raisons de politique exigeaint que Charles - Philippes épousat une princesse étrangère, Louis XV qui avait d'abord approuvé le premier choix du prince, adopta les observations du ministre, & fit demander à la Cour de Sardaigne, la princesse *Marie Thérèse de Savoie*, qui était dans sa dix-septieme année (1). Après les négociations ordinaires, le mariage fut arrêté de part & d'autres.

Le monarque français qui connaissait par une expérience fâcheuse, combien les jouissances déréglées sont meurtrieres, & qui, sans en être plus sage lui-même, (2) avait toujours blamé l'inconduite de

____

(1) Elle était née à Turin, le 31 janvier 1759.

(2) Voici quelques épigrammes qui prouvent l'opinion qu'avaient de Louis XV, ses propres sujets.

> France, quel est donc ton destin,
> D'être soumis à la femelle :
> Ton salut vient d'une pucelle :
> Tu périras par la catin.

Epitaphe du feu Roi.

> Terminant ses honteux destins,
> *Louis* a fini sa carriere :
> Pleurez coquins, pleurez putains
> Vous avez perdus votre pere.

Autre.

> Ci-gît *Louis*, ce pauvre Roi :
> On dit qu'il fut bon : mais à quoi ?

____

> L'embaumer serait nécessaire,
> D'une charogne il a l'odeur ;
> Mais l'ouvrir, bon ! Eh pourquoi faire,
> Sûr de n'y pas trouver de cœur ?

Charles-Philippes, lui recommanda fortement de veiller sur sa santé, & de ne point communiquer à l'épouse qui lui était destinée, la contagion funeste dont il paraissait atteint. Le prince, touché de ces remontrances, se fit administrer tous les secours qui lui étaient nécessaires pour entrer sans crainte dans le lit nuptial. Marie - Thérese arriva de Turin, & reçut, le 16 novembre 1773, la main de Charles-Philippes, auquel elle regretta bientôt de s'être unie, et dont elle pleure aujourd'hui les attentats à la liberté d'un peuple recommandable chez toutes les nations.

On croirait peut-être qu'au moins dans les premiers tems de son mariage, d'Artois cessa ses dissipations, qu'il aima son épouse, ou qu'il lui témoigna les égards qu'elle avait droit d'attendre ; mais il n'en fréquenta pas moins tous les sérails, où il se livrai au excès les plus scandaleux, et buvait des liqueurs fortes avec une troupe de débauchés qui l'y accompagnait. Il revenait ensuite à la comtesse sa femme, qui devenait encore l'objet de ses fureurs lubriques. Une infinité d'autres femmes n'auraient pas voulu souffrir l'approche d'un libertin de cette espèce, et auraient rompu ouvertement avec lui ; mais celle-ci, aimante et sensible, se contentait de faire à son mari les plus tendres reproches sur sa conduite, et de le rappeller à lui-même, en lui donnant sans cesse des preuves de l'amour le plus sincère, et de la fidélité la plus constante. Et telle est la conduite que cette femme vertueuse n'a cessé de tenir avec un époux indigne d'elle, jusqu'à l'instant d'une fuite dont nous parlerons plus loin.

Il y avait environ vingt et un mois qu'il était marié, et qu'il caufait à la plus vertueufe époufe, des chagrins de toute espèce, qu'elle fouffrait fans fe plaindre, lorfqu'elle mit au monde, le 6 août 1775, un fils qui fut nommé *Louis-Antoine*, et qualifié *duc d'Angoulême*. On efpera que cette paternité ferait ceffer les débordemens de Charles-Philippes, et qu'appellé par la nature aux devoirs les plus facrés, il rougirait d'avoir oublié fi long-tems fon origine, et l'étendue des obligations qu'elle lui impofait ; mais il devint plus débauché que jamais, et fit de nouveau couler les larmes d'une époufe qui méritait un meilleur fort.

La monotonie dans laffe les jouiffances et celles du mariage, deviennent promptement infipides à une ame ufée, incapable de fentir le prix de la vertu, et d'éprouver ces fenfations délicieufes, qui font chérir l'exiftence à l'homme qui fait toujours fe ménager quelques defirs. D'Artois trouvait déja des dégoûts infurmontables dans une union qui doit faire le bonheur de ceux qui la contractent. La *Contat*, actrice des Français, qui ne l'aimait point, mais qui feignait d'être éprife pour lui de la plus vive paffion, reçut bientôt fes affiduités, et devint fa maîtreffe en titre. Pour parvenir à vaincre fon avarice qu'elle connaiffait fordide, et à tirer de lui des fommes immenfes, elle l'enivrait de vin et de liqueurs, fe prêtait à fes goûts dépravés, et à fes diffolutions les plus viles. Elle réuffit de cette manière à lui faire contracter pour elle, des dettes énormes qu'il efpérait ne jamais payer, fuivant la *louable* coutume des princes, qui font jetter leurs créan-

ciers par les fenêttes, lorsqu'ils viennent humble-
ment solliciter le paiement de ce qui leur est dû.

Il y avait environ un an que la Contat recevait d'Artois, qui n'en visitait pas moins toutes les
prostituées de Paris, lorsqu'elle devint grosse
sans savoir au juste de qui, & jugea à propos
de lui attribuer par préférence à tout autre,
les honneurs de la paternité, en lui faisant demander les secours convenables à son état. On
s'imagine d'abord que le premier soin de Charles-
Philippes, fut de voler vers elle, & de lui donner en prince tout ce dont elle avait besoin dans
sa situation. Mais on se trompe. Il apprit la nouvelle avec le sang froid d'un homme qui n'a jamais senti son cœur, & borna ses largesses à
soixante-douze livres, qu'il fit passer à la Contat.
Cette actrice indignée d'un procédé aussi peu
généreux, eut l'ame plus grande & plus noble
que d'Artois, & bien loin de chercher à lui faire
des reproches, elle lui renvoya les cadaux qu'elle
en avait reçus, avec défenses expresses de revenir jamais chez elle.

Sorti des bras de la Contat, il passa successive-
ment dans ceux d'une courtisanne nomée la *Saint-
Léger*, qui le congédia au bout d'un mois ; puis
dans ceux de la *Duthé*, autre actrice des françois,
qui venait de quitter le milord d'*Aigrmont*, après
l'avoir ruiné sans lui laisser aucune ressource.
Cette fille crut qu'elle parviendrait à absorber de
même toute la fortune de son nouvel amant.
Mais ce dernier, qui après avoir été *répudié* de
la Contat, comme il l'avait été de Flore, avait
fait de sérieuses réflexions sur les dettes qu'il
s'était vu forcé de contracter, malgré son ca-

ractère avare , voulait borner désormais toutes ses dépenses chez les femmes , à de simples parties de plaisir , peu dispendieuses , & ne point s'occuper de leur fortune. Il débuta donc avec sa nouvelle maîtresse , comme un particulier , lorsqu'elle s'attendait à le voir débuter en frere du plus puissant roi de l'Europe. L'actrice pensa qu'il fallait dissimuler. Elle crut qu'en jouant la fierté & la vertu , & en se montrant difficile à vaincre , elle irriterait la passion du prince , et tirerait de lui des sommes considérables , des cadeaux magnifiques , ou quelque constitution de rente , comme elle avait fait du milord d'Aigremont. Tel fut le plan de conduite qu'elle observa avec d'Artois , pendant plusieurs mois : mais enfin , lassée de poursuivre , à ses dépens , la conquête d'un homme qu'elle n'aimait pas , elle substitua , sans le lui dire , un fermier-général , qui se procura bientôt , *à beaux deniers comptans* , ce que les femmes nomment *modestement* leurs faveurs ; comme si l'avantage de connaître un objet qui nous plaît , de posséder son cœur , de goûter avec lui des jouissances , que le sexe desir , & sent plus vivement que nous , n'était pas réciproque.

La Duthé , qui , outre les gages considérables qu'elle touchait du théâtre , recevait des sommes immenses de son *Mondor* (1) , mena bientôt la vie la plus fastueuse. Une voiture richement décorée , des chevaux qui le disputaient à ceux des

---

(1) Nom ironique qu'on donne ordinairement aux sangsues publiques , appellées *fermiers-généraux.*

princes, des soupers fins, des fêtes qui se renou-
vellaient sans cesse, quelques billets qui furent
interceptés, découvrirent bientôt à Charles-Philippes, un mystère qu'on voulait lui laisser ignorer,
dans l'espérance de parvenir un jour à le rendre
libéral. Alors, il fit les reproches les plus durs
à cette actrice, qu'il appelait son *infidelle*, & il
parvint à ne lui inspirer que du dégoût & du
mépris.

Il s'apperçut facilement de la contrainte qu'elle
éprouvait en sa présence, & du peu d'empressement qu'elle témoignait à recevoir ses assiduités.
Humilié du sentiment qu'il faisait naître, il re-
connut qu'il ne serait jamais préféré, & résolut
de quitter la Duthé, sans exercer contr'elle aucune vengeance, parce que l'aventure de Flore
lui avait fait connaître le danger des ruptures
éclatantes.

L'actrice se consola facilement d'une perte aussi
légère, et elle oublia bientôt Charles-Philippes,
qui eut pour la premiere fois les honneurs de la
retraite.

Des amourettes aussitôt finis que commencées
des orgies orduriéres, l'ivrognerie même, partage-
rent pendant quelques mois l'existence honteuse
du prince, qui s'attachat ensuite à une autre actrice
des français, nommée *Lange*. Ennuyé de n'avoir
point encore été aimé des femmes dont il avoit
jusques-là fait ses maîtresses, il résolut, quelques
pénibles que lui en parut la nécessité, de se les
attacher par des largesses. Quelques bijoux qu'il
donna à Lange, la rendirent d'abord traitable,
et elle lui témoigna, pendant plus d'une année et
demie, une tendresse qu'elle n'éprouvait pas. Mais

comme un homme ne peut toujours se contre-
faire, comme un avare n'affecte la générosité que
par instans, comme enfin il ne peut s'empêcher
de se montrer en différentes occasions, ce qu'il
était par caractère, la Lange chercha l'occasion
de s'affranchir d'un joug qui lui avait toujours paru odieux, et s'attacha à un jeune seigneur qui
éconduisit bientôt Charles-Philippes.

Celui-ci crut que son honneur lui faisait un
devoir d'intimider son concurent, et de lui faire
intimider des défenses très-expresses de se trouver
jamais chez Lange. Le nouvel amant, qui quoique
sous le règne de l'esclavage, avait la fierté d'un
républicain et la force d'un Hercule, reçut fort
mal le messager, et rejoignit quelques jours après
Charles-Philippes, auquel il demanda raison de
l'insulte qu'il prétendait en avoir reçue. D'Artois
entendit le défi avec le ton de supériorité, même
de bravoure, qu'affectent souvent les lâches, es-
pérant que sa présence en imposerait plus que les
menaces de son émissaire ; mais son rival, au lieu
de s'effrayer des rodomontades d'un homme qu'il
méprisait, le provoqua en duel et le menaça de lui
couper les oreilles, s'il ne se trouvait pas au rendez-vous. D'Artois voyant qu'il n'y avait point à
reculer, crut qu'il devait faire bonne contenance ;
il accepta le cartel, et promit de se rendre le lendemain au lieu indiqué.

Le jeune seigneur ne manqua pas de s'y trouver, et il se promettait de donner une bonne
leçon à Charles-Philippes ; mais celui-ci ne se
présenta pas, et par l'entremise du lieutenant de
police, il fit enfermer son rival à la bastille, où il
mourut dans la fleur de son âge, en prononçant,

avec

(25)

avec des imprécations effroyables, le nom du
lâche & du barbare qui exerçait sur lui un
vengeance aussi terrible.

Quelques-tems après, c'est-à-dire le 6 août 1776,
la comtesse d'Artois accoucha d'une fille, qui fut
appellée *Mademoiselle*.

Le pere parut pour un tems revenu de ses
erreurs, et décidé à vivre dans une union parfaite avec son épouse. Le Roi, à la louange duquel nous devons dire en passant qu'il a toujours
mené une conduite exemplaire [1], le compli-

---

[1] Nous n'en pourrions pas dire autant de
Marie-Antoinette d'Autriche, sa femme. Cette
princesse, dont, suivant l'auteur de sa vie, le
nom *pourra dignement occuper une place à côté
des* Médicis, *des* Margurite de Valois, *& de
plusieurs autres reines & princesses, dont l'histoire
nous a conservé des anecdotes aussi curieuses que
rares*, a les ardeurs de *Messaline*, et la cruauté
de *Fredegonde*. Elle aime l'argent pour thésau-
riser, et en fait le ressort de ses vengeances, elle
vole au-devant de l'intrigue, et en fait l'ame de
sa turbulente existence.

Hommes, Femmes, continue le même auteur,
tout est à son gré. On a connu sa conduite inces-
tueuse avec le monstre dont nous écrivons la vie,
et ses liaisons anti-phisiques avec les duchesses
S. *Maigrin* et de *Cossé*, la comtesse de *Mailly*, de
la *Polastron*, la princesse *Lamballe*, la *Polignac*,
la comtesse de la *Motte*, la grosse *Montensier*, et
la *Bertin* sa marchande de modes, dégoutante

D

menta fur fon changement de vie, et crut qu'il
avait pour toujours renoncé à fes débauches

---

créature, dont elle a plufieurs fois payé les dettes.

La France eft encore indignée de la manière
odieufe dont notre reine perverfe a facrifié la
malheureufe Lamotte, après avoir couvert de
fes baifers brûlans, toutes les parties de fon
corps. Qu'on life les mémoires de cette femme;
on y verra, pages 14, 18, 19 & 20, que
le cardinal de *Rohan*, lui ayant annoncé
que la reine avait du *goût* pour elle, &
qu'elle lui trouvait de la *tournure*, celle-ci
reçut un *billet de la main de mademoiselle Dorvat, l'une des femmes de fa majefté, contenant
l'ordre de fe rendre entre onze heures & minuit,
au petit Trianon.* » M'étant ponctuellement trou-
» vée à l'heure défignée, dit la comtesse, je fus
» introduite dans le cabinet de la reine par cette
» même demoifelle Dorvat..... J'y reçus l'expli-
» cation de ce qu'avait voulu me faire enten-
» dre le cardinal, lorsqu'il m'avait parlé de *goût*
» et *tournure*. . . . .
» En vérité, je me crus quelque chofe de plus
» qu'une fimple mortelle.
»Sa Majefté termina notre long entretien,
» en fignalant fa munificence, par le don d'un
» porte-feuille contenant pour dix mille livres de
« billets de caisse. Le dernier mot fut, ainsi qu'à
» la première entrevue: *nous nous reverrons.* En
» effet, nous nous vîmes fouvent, et trop long-
» tems, *& toujours fur le même pied.* Cet aveu
» oppresse mon ame; mon cœur fe resserre, la

Mais il ne se montrait ainsi, que parce que l'é-
puisement total dans lequel elles l'avaient jetté,
lui ôtaient alors toute possibilité de s'y livrer. Cette
sagesse involontaire dura environ dix-huit mois,
après lesquels il devint pere, le 24 janvier 1778,
d'un fils qui fut baptisé à Versailles, sous le nom
de *Charles-Ferdinand*, et qualifié Duc de *Berry*.

» plume échappe de mes doigts. O mon auguste
» souveraine! c'est à vous que je m'adresse pré-
» sentement. Rappellez-vous ces momens d'i-
» vresse, que j'ose à peine vous retracer; rap-
» pellez-vous et les lieux où ils s'écoulaient, et
» ceux où je les ai épiés. Quelque soit le mépris
» dont il vous a plû de m'accabler depuis, vous
» n'en trouverez pas moins écrit au fond de
» votre ame, qu'alors vous m'élevâtes jusqu'à
» vous, (il faudrait dire vous m'abaissâtes) Mais
» envain, daignâtes vous vous dépouiller à mes
» yeux de l'imposante majesté; je la reconus
» dans votre abandon même; je me dis: c'est
» la déesse Flore qui s'amuse d'une humble fleu-
» rette. Vous savez que dans ces premiers instans,
» que dans ceux du même genre qui les suivirent,
» je ne m'écartai jamais du respect dont vous
» me faisiez vous-même l'obligeant reproche.
» Et c'est cette infortunée, que la seule approche
» de vos lèvres devait rendre un objet à jamais
» sacré: c'est la femme que vous aviez honnorée
» du nom de *chere amie*; c'est cette malheu-
» reuse *Valois* que vous avez abandonnée, livrée
» à la main ..... dirai-je des bourreaux? ah je
» dois vous épargner cette horrible image, etc. »

A cette époque, la *Montensier*, directrice du spectacle de Versailles, qu'elle a transporté à Paris depuis la révolution, se disposait à faire banqueroute, après avoir contracté pour plus d'un millon de dettes. La reine qui l'aimoit, & qui la faisait tantôt l'objet, tantôt la confidente de ses plaisirs contre la nature, paya les créanciers, & fit construire chez cette fille, un théâtre où elle se rendait de nuit, pour assister à des représentations de comédies obscènes, telles que la *comtesse d'Ollone*, & *Messaline*, dont elle faisait le rôle.

On avait remarqué qu'étant Dauphine, elle paraissait vouloir s'attacher notre héros, dont les discours orduriers, & une figure moins maussade que celles de ses freres (1), lui plaisaient infini-

---

Personne n'ignore en effet de quelle manière la malheureuse *Valois la Motte*, a été sacrifiée après le vol que venait de faire Marie-Antoinette, du fameux collier qu'elle convoitai depuis long-tems. Voila l'infâme scélérate que nous avons pour reine!

(1) Tous ceux qui ont vu le roi, savent qu'il a l'extérieur repoussant d'un butor, et une figure absolument insignifiante. » *Monsieur*, (dit l'auteur des *Essais historiques sur la vie de Marie-* » *Antoinette d'Autriche, reine de France*) est » haut, vain, dur, politique sans esprit, et vilain » égoïste, et jaloux des genres de célébrité qui ne » donnent aucune peine à acquérir. Sa constitu- » tion n'annonce pas qu'il fasse de vieux jours, et » son génie ne nous promet pas de grandes cho-

ment. A la mort de Louis XV, elle avoit témoi-
gné un goût particulier pour Charles-Philippes,
dont l'intimité avec le duc *de Chartres*, aujoud-
'hui *d'Orléans*, homme fans mœurs comme fans
honte, donnait lieu tous les jours à des avantures
fcandaleufes, qui faifaient l'objet des converfa-
tions de tous gens oififs de la capitale. Marie-Antoinette le choifit pour lui fervir d'athlete dans les
parties nocturnes qu'elle faifait chez la Montenfier

Dilon, *Coigny*, *Vaudreuil*, & quelques perfonnages obfcurs, avaient fucceffivement appaifé
l'ardeur brûlante de la reine, & comme elle le
difait, ne faifaient plus que de *l'eau claire*, lorfqu'elle fongea à leur donner d'Artois pour fuc-
cesseur. Celui-ci qu'elle avait toujours cru incapable de réfléchir, craignit d'abord une intimité par le réfultat de laquelle il pouvait fe donner un maître ; mais le goût bouillant de fa belle

---

» fes. Il parle de tout, parce qu'il a une mémoi-
» re prodigieufe, fans avoir rien approfondi ; il
» s'enferme dans fon cabinet pour avoir l'air de
» donner une partie du jour à l'étude, et à ac-
» quérir des connaiffances utiles ; mais il ne s'y
» occupe qu'à des niaiferies, ou àfaire un jour-
» nal politiquedes évènemens de la monarchie,
» & de tout ce qu'il apprend de fes flagorneurs,
» qui font la *Gazette de la cour & de la Ville* ;
» fouvent il paffe des heures entieres à admirer fes
» diamans, qu'il aime avec concupifcence, qu'il
» achete ufurairement, et qu'il accumule comme
» un avare amasse de l'or, pour fe mettre fans
» cesse à genoux devant, &c. »

fœur pour les plaifirs, et l'adreffe peu commune avec laquelle elle attache à fon char tous les hommes que leur phyfique lui fait croire vigou- reux, firent bientôt oublier à Charles-Philippes fes reflexions. Il fit avec elle une quantité de par- ties fines, à Trianon, à l'infu de toute la cour, & l'accompagna fouvent chez la Montenfier, ou dans des noĉturnales, dont le récit ferait hor- reur aux plus grands débauchés; il faifait le rôle infâme de *Virus*, tandis qu'un garde du roi, dont elle a épuifé les forces, & qu'on a depuis fait difparaître, y rempliffait celui de *Matricius*, & la réine celui de *Meffaline*, dans la comédie qui porte ce nom.

Ils revenaient une nuit tous deux d'une de ces orgies, dans l'habillement le plus indécent, & fe difpofaient à rentrer au château, lorfque le faĉtionaire de la grille leur en refufa l'entrée, en affeĉtant de ne les pas connaître. Les deux amans fe nommèrent; mais la fentinelle fe conten- ta de leur répondre qu'elle tenait fa *configne* du roi lui-même, & perfifta dans fon refus. En vain eurent-ils recours aux menaces, aux prieres, & aux promesses, ils ne purent rien obtenir. D'Artois jurant comme un cocher, fut obligé de regàgner, avec fa digne belle fœur, le théâtre public de la Montenfier, d'où par la ga- lerie attenante au château, ils fe rendirent chacun dans leur appartement.

Le lendemain la reine, dont l'esprit avait con- çu, pendant le refte de la nuit, mille projets de ven- geance contre le faĉtionaire qui lui avait refufé l'entrée de la grille du château, alla porter fes plaintes au roi, en demandant la punition de cet homme, qu'elle disait lui avoir manqué de la manière la plus indécente. Le gros monarque l'écouta avec un ton de mépris dont elle sentit toute l'humiliation, & lui répondit qu'il avait lui-même donné l'ordre à la sentinelle, & qu'il entendait que tout le monde fut couché au château quand il l'était. Marie - Antoinette se mordit les lèvres, & dévora cet affront ; mais quelques jours après, le malheureux qu'elle avait voulu faire punir pour avoir fait son devoir, fut enlevé comme convaincu de nourrir dans son cœur une passion criminelle pour sa souveraine, & jetté dans un des cachots de l'ancienne bastille, d'où il n'est jamais sorti.

Le roi apprit bientôt l'avanture de sa femme & de son frère. Il reprocha à ce dernier une conduite qui donnait lieu aux sarcasmes les plus injurieux, & aux épigrammes les plus piquantes. D'Artois voulu se justifier, mais le bonhomme qu'il déshonorait, lui imposa silence, & lui ordonna de s'éloigner.

L'affaire de Gibraltar occupait alors tous les esprits, & les seigneurs les plus distingués s'empressaient à l'envie d'y aller cueillir des lauriers. D'Artois vit qu'il ferait connaître son peu de valeur, & qu'il se couvrirait d'une honte indélébile, s'il restait en France. Disgracié du roi & ne pouvant se montrer à la Cour, il imita l'exemple des autres, & partit pour l'Espagne, avec le duc de Bourbon.

Une infinité de journalistes & de soi-disant historiens, ont donné tous les détails relatifs à l'expédition de Gibraltar ; on sait que d'Artois s'y montra comme un lâche, & qu'il en revint déshonoré après une absence d'environ trois mois.

Voici une chanson à la quelle son retour a donné lieu.

AIR : *De Malborough.*

D'Artois revient d'Espagne,
Oh la belle, la belle campagne !
D'Artois revient d'Espagne,
Il a vu Gibraltar.

Il a vu Gibraltar ;
Il devait d'un regard
Nous en faire découdre,
Et tout, tout, tout, réduire en poudre,
Mais son trop jeune foudre
Ne vaut pas un pétard.

Ne vaut pas un pétard.
Crillon le goguenar
A l'Anglais, dans la place ;
Fait offrir des œufs à la glace.
A ce tour de *paillasse*
Qu'à répondu l'Anglais ?

Qu'à répondu l'Anglais ?
l'Anglais paye en boulets.
D'Artois fait son tapage,
Vois son cu - curieux courage,
Visite chaque ouvrage,
Et braque le canon.

Et braque le canon,
Qu'il tire... oh ! vraiment non !
Car la troupe dorée
Dont son altesse est entourée, (1)

____

(1) Les gardes d'Artois.

En

En tout lieu révérée,
L'est auſſi du Breton.

L'est auſſi du Breton.
Mais au camp, que fait-on
Son alteſſe l'arpente,
Et fou-fou-fournit dans ſa tente,
L'article que nous vante
Le gazetier Français (1).

Le gazetier Français
Ne promet que ſuccès ;
Mais toujours il raconte
Des faits qui nous couvrent de honte.
La honte, on la ſurmonte ;
La France a beau crier.

La France a beau crier ;
Trop las de s'ennuyer,
D'Artois tout en colère,
Dit au camp : va-t'en te faire faire ;
C'est un vrai ſéminaire,
J'ai ma niche à Paris.

J'ai ma niche à Paris,
Son parrain tout ſurpris (2)
En battait la campagne.
Mais d'Artois lui dit : Sire d'Eſpagne,
Je pars, car la montagne
Ne pond qu'une ſouris.

---

(1) La GAZETTE DE FRANCE, cette fade adulatrice de ceux qu'on appellait alors LES GRANDS, parla de Charles - Philippes comme d'un guerrier qui avait fait des prodiges de valeur à Gibraltar. Telle a toujours été la manie des Journaux privilégiés, qui louent ſans pudeur les gens en place, la vie dont loin d'offrir une ſeule action digne d'éloges, ne préſente au contraire qu'un enchaînement de crimes.

(2) Le roi d'Eſpagne.

E

Revenu en France, d'Artois y reprit son ancien train de vie, & renouvella ses liaisons criminelles avec la reine, qui plus débordée que jamais, ne prit pas même le soin de cacher le double libertinage auquel elle se livrait.

Nous avons dit que Charles-Philippes était brusque, emporté, brutal & grossier avec les femmes ; il ne tarda pas à fournir à la duchesse de Bourbon, une nouvelle preuve de poltronerie qu'il avait montrée à Gibraltar. Cette femme aimable dont l'esprit et la sensibilité, réparent les vices, se trouvait un jour au bal de l'Opéra, où il cherchait une fille à qui il avait donné rendez - vous. Elle crut pouvoir, sans commettre un crime, ou une indiscrétion, lui faire appercevoir qu'elle le reconnaissait. Elle l'arrêta donc par le bras, en lui disant : *où courrez-vous, beau masque, je suis bien aise de causer avec vous un instant.* Cette plaisanterie que tout autre eut prise très-galamment, rendit d'Artois furieux : il arracha le masque à la duchesse, lui donna sur le visage, une quantité prodigieuse de coups de poings, qui firent couler son sang en abondance et la meurtrit de mille manières. Cette avanture fit du bruit à la Cour, mais elle n'étonna personne, parce qu'on connaissait la brutalité de son auteur. Cependant Condé exigea que son fils tirat vengance de cette affront. Le duc de Bourbon vint en effet trouver d'Artois, qui après avoir intrigué auprés du roi, & du vieux ministre *Maurepas*, pour se faire défendre de se mesurer avec Bourbon, fut cependant obligé de se battre avec lui au bois de Boulogne, ce qui leur valut à tous deux un exil très-court, que des fêtes bril lantes qu'ils se donnèrent, leurs firent bientôt oublier.

Ce fut à cette époque que Charles - Philippes qui semblait avoir oublié l'humiliation qu'il avoit éprouvée chez la courtisanne *Rosé*, en dévora une autre à Vincennes, où il s'était rendu pour une course avec plusieurs libertins de son espèce. Un paysan nommé *Jean Rigault*, qu'il s'amusait à poursuivre, en l'accablant de coups de fouet, fit volte-face vers lui, le lui arracha & lui distribua une ample provision de coups de poings, de pieds & de soufflets, tout en feignant de le prendre pour un homme de la suite, à la faveur du désordre qui régnait dans son ajustement. D'Artois reçut avec douceur & sans bruit cette utile correction du paysan, qui se vanta du fait dès le soir même.

Bientôt Charles - Philippes se consola de la leçon de Jean Rigault, en se livrant à une vie plus turbulente que jamais.

Des divertissemens journaliers, & des parties de plaisirs continuelles, dont la reine était l'ame, le rendirent moins inquiet, sur les dangers d'une liaison dont il avoit d'abord appréhendé les suites. Il montrait à la comtesse son épouse une froideur injurieuse, usait envers elle des procédés les plus révoltans; lorsque la reine, qui avait formé depuis long-tems le projet de devenir grosse, le devint effectivement. Les femmes de la Cour, les courtisans, & tous les gazetiers de France, s'entretinrent de cet événement, dont personne n'ignora l'auteur. Antoinette fut sur-tout déchirée à *belles dents* par les tribades qui avaient cru jusques-là qu'elle n'aimait que son sexe, & aucune d'elles ne lui pardonna d'avoir souffert l'approche d'un homme, quoiqu'elles en eussent chacune plusieurs pour diversifier leurs jouissances. Cette grossesse, qui réjouissait tant de personnes, & sur-tout l'imbécile monarque, en même - tems qu'elle en chagrinait beaucoup d'autres, causait les plus vives inquiétudes à son auteur, qui ne pouvait les dissimuler. La reine lui disant un jour : *mon cher d'Artois, ton petit Dauphin*, (car une quantité de charlatans & de flatteurs lui persuadaient qu'elle accoucherait d'un garçon, ce qui est arrivé) *me donne des coups de pieds dans le ventre* ; il lui répondit avec colère : *& moi il m'en donne dans le cul, mais f..... patience nous saurons bien l'envoyer avec les autres.*

Enfin, Marie-Antoinette accoucha le 22 octobre 1781, d'un garçon, qui fut nommé *Louis-Joseph-Xavier-François*, (1) & sur la naissance du

---

(1) Lorsqu'elle vit la convocation des états-généraux consentie par le roi, elle administra, cet enfant, d'après l'avis de Charles-Philippes, & suivant le plan combiné entr'eux pendant sa grossesse, une certaine potion *qui l'envoya avec les autres* dans le courant du mois de mai 1789, après une maladie lente, dans laquelle il avait montré un courage & une résignation dont peu d'hommes seraient capables.

Il entrait aussi dans le plan de notre héros & de sa belle-sœur, d'en faire autant à *Louis-Charles* Dauphin actuel. Mais l'énergie que les françois viennent de développer contre leurs tyrans, ont empêché jusqu'à présent l'exécution de cet infernal projet.

quel le roi reçut de toutes parts des félicitations
qu'il crut sincéres. Les satyriques s'égayèrent à ce
sujet, & firent pleuvoir à la Cour une quantité d'épi-
grames, parmi lesquelles on remarque celle-ci,
que nous rapportons, malgré sa médiocrité,
parce qu'elle a trait à notre héros.

C O U P L E T.

AIR : De *Joconde.*

Ami, la nouvelle du jour
    Se débite à cette heure :
Un Dauphin paraît à la Cour ;
    Si je mens, que je meure !
Si *Louis* paraît vigoureux,
    Ce n'est pas de la sorte :
D'Artois a fait ce coup heureux,
    Ou le diable m'emporte.

Nous avons déja dit que l'uniformité lasse
dans les plaisirs. Malgré toute l'envie qu'il avait
de se fixer à sa belle sœur avec laquelle il épui-
sait tout l'art des *positions*, son goût pour l'in-
constance l'emporta, & sans cesser de lui donner souvent de vigoureux assauts, il partageait ses
momens entr'elle & plusieurs autres femmes de
la Cour, qui cherchait à se donner publique-
ment un amant titré. Marie-Antoinette ne tarda
pas à s'en appercevoir, & voulut cependant dissimuler ; mais elle associa bientôt à son infidèle,
une de ses femmes, nommée la *Dorvat* (1)

____

(1) C'est cette fille Dorvat, dont nous avons
déja parlé, & dont l'excessive complaisance pour

dont la phifionomie intéreffante, la taille fvelte, & un air de lubricité répandu fur toute fa perfonne, lui avaient fait la plus vive impreffion. Cette fille répondit promptement à la paffion dont l'honorait fa fouveraine, & fes brûlantes careffes, fes attitudes variées, fes tranfports convulfifs dans le plaifir, la rendirent bientôt la favorite par excellence.

Alors on ne s'occupait à la Cour que de parties de plaifir, & de courfes de chevaux. Le duc de Chartres venait d'en faire acheter à Londres, d'une égalité furprenante, & tous les feigneurs fe ruinaient pour s'en procurer de femblables. D'Artois lui-même, dont ce duc fans honneur était le vil coriphée, venait, malgré fon extrême parcimonie, d'en acheter un qui lui avait coûté 42,800 liv. Plein de confiance en ce courfier qu'il avait nommé le cheval *Pépin*, il efpérait gagner les primes ; mais les écuyers des deux princes fe joignirent, & fe jettèrent fi rudement, comme par mégarde, fur ce cheval, qu'il attrapa un écart, & fut revendu une modique fomme de 150 liv. Cette courfe coûta plus de quatre-vingt-millons à Charles-Philippes, qui ne s'y était engagé que dans la louable intention, de ruiner les parieurs, après avoir gagné par argent les écuyers & les *jockeis*.

Ses affaires ainfi dérangées, notre héros qui pleurait fans ceffe la perte de fes quatre-vingt millions, s'imagina qu'il ferait plus heureux fes

---

fa maîtreffe, allait jufqu'à lui promettre d'autres femmes, comme la comteffe de la Motte, &c.

cartes à la main. Il demanda donc sa revanche
au duc de Chartres; mais il acheva sa ruine , &
emprunta de tous côtés pour soutenir le train in-
dispensable de la maison.

Pendant que son beau-frère contractait ainsi
des dettes, & semblait l'abandonner, Marie-
Antoinette se rendait presque toutes les nuits à
Trianon, où vêtue en amazône, elle se livrait
avec des hommes & des femmes, alternative-
ment, aux deux espèces de jouissances qui ont
toujours partagé son existence. Parmi les athletes
avec lesquels elle faisait des assauts nocturnes,
on distingua sur-tout un commis au secrétariat
de la guerre, âgé d'environ dix-sept ans, &
beau comme on nous peint Adonis; sa figure
intéressante, sa peau douce & fine, son men-
ton à peine garni de ce duvet qui est le symbole
de la virilité, son ton, sa taille, sa voix gra-
cieuse avaient allumé les desirs de la lubrique
Antoinette, qui l'avait fait introduire dans son
boudoir par son valet-de-chambre *Campan*, son
confident ordinaire, l'intendant de ses plaisirs.

Il y avait déjà quelque-tems qu'elle débauchait
ce jeune homme dont les forces commençaient
à s'épuiser, lorsque le cher beau-frère, qui jusques-là ne s'était pas montré jaloux, s'avisa de
le paraître, & de lui reprocher le peu de soin
qu'elle mettait à cacher ses avantures amoureuses.
Elle lui avoua ingénuement qu'elle avait eu du
goût pour le commis, mais elle lui promit en
même-tems de ne plus le revoir; ce qu'elle
exécuta.

Charles-Philippes & Marie-Antoinette renouè-
rent donc; le jeune homme fut trouvé quel-

que-tems après affassiné fur l'avenuë de Paris,
& ils se livrérent à de nouveaux désordres au
vu & fu de toute la Cour. On fit alors nombre
de pasquinades & de carricatures & l'on plaça
sous les serviettes du roi, de la reine, & de
d'Artois, un jour de grand couvert, trois exem-
plaires imprimés de la mauvaise chanson que
voici.

AIR : *Eh! mais oui-dà, &c.*

Or, écoutez l'histoire
Que je vais raconter,
Elle est facile à croire,
Il n'en faut pas douter :
Eh! mais oui-da,
Comment peut-on trouver du mal a ça ? (*bis*)

Norte lubrique reine,
D'Artois le débauché,
Tous deux, sans moindre peine,
Font ce joli péché.
Eh! mais oui-da, &c.

Cette belle alliance
Nous a bien convaincus
Que le grand roi de France
Est le roi des cocus.
Eh! mais oui-da, &c.

Il y avait un troisieme couplet dans lequel on
reprochait à la *Polignac* d'être l'entremetteuse de
la reine & du comte d'Artois ; ses expressions
grossieres ne nous permettent pas de le rapporter.
On assure que le roi, qui lu réellement ces cou-
plets, fut contenir d'abord l'indignation qu'il lui
inspirèrent

inspirèrent, & qu'il fit en particulier à sa femme, les plus sanglans reproches sur ses disparitions clandestines, & sur l'indécence qu'elle affichait dans sa conduite; mais qu'elle lui répondit, avec ce ton altier & imposant qui la caractérise, qu'elle voulait être libre dans son palais, & qu'elle n'avait pas quitté la cour de Vienne pour venir être esclave à celle de France.

Non-seulement les liaisons de Charles-Philippes avec Marie-Antoinette, scandalisaient toute la Cour, mais elles furent bientôt connues de l'impératrice reine, qui demanda des détails à cet égard au cardinal de *Rohan*, alors grand aumônier de France. Ce prélat qui avait dans le cœur un levain de jalousie contre d'Artois, & qui visait à des faveurs qu'il a obtenues depuis de sa souveraine, quoiqu'elle ne l'aimait point, dépêcha à Vienne un courier chargé de la lettre qu'on va lire :

A l'Impératrice, Reine de toutes les Hongries.

MADAME,

» Mon respect & mon zèle pour l'illustre
» maison d'Autriche, la vénération que vos ver-
» tus m'ont inspirée, la franchise que vous avez
» reconnue en moi, lorsque le roi me chargea
» de ses sentimens auprès de vous, (1) tout me

---

(1) Il s'agit ici des négociations faites par le cardinal, relativement au mariage de Marie-Antoinette d'Autriche, avec le Dauphin aujourd'hui roi de France.

» force à remplir un ministère douloureux a mon
» cœur. Que n'avez-vous chargé quelqu'autre de
» cette affligeante mission ?

» Il n'est que trop vrai que notre Dauphine,
» aujourd'hui notre reine, en entrant sur le ter-
» ritoire de France, a totalement oublié les le-
» çons de sagesse que vous vous étiez plû à
» faire germer dans son cœur. (1) Indépendam-

---

(1) La lettre suivante adressée par l'Impératrice reine, à sa fille, sur ce que celle-ci l'avait in-
formée de l'impuissance de son époux, donnera
une juste idée de la nature des leçons dont parle
le cardinal.

» Je me suis toujours apperçu, ma chere fille,
» que vous aviez du goût pour les femmes; il
» faut vous satisfaire, mais y mettre de la modé-
» ration & de la retenue. La première de ces
» vertus conserve la réputation, & les autres la
» santé, puisque rien n'use d'aussi bonne heure
» que ce métier. Votre mari ne peut & ne pourra
» jamais vous faire d'enfans. Ce mal est grand
» sans doute : une reine stérile est sans considé-
» ration comme sans appui : mais ce mal n'est
» pas sans remède. Il faut donc faire comme
» moi, prendre un faiseur. Choisissez-le comme
» j'avois choisi le prince *Charles*; grand, beau,
» jeune, & sur-tout vigoureux. Prenez-le dans
» les hommes de la Cour les plus proches de
» vous. Cet évenement ne pourrait, quoiqu'il en
» arrive, les compromettre; se sera un appui de
» plus pour vous; en cela vous serez plus heu-
» reuse que je ne l'ai été. Tout l'univers a connu

» ment de son goût excessif pour le luxe, elle
» se livre à tous les excès de la coquetterie. Le
» bruit court, & il est même prouvé, qu'elle
» préfère son beau-frere à son époux.

» Voilà tout ce que je puis vous apprendre.
» Puisse votre majesté, par ses sages exhortations
» la remettre dans le sentier du devoir. Puisse
» mon zèle y coopérer : c'est la moindre preuve
» de dévouement que puisse vous donner celui
» qui ne cessera d'être,

» MADAME,

» De votre Majesté,

Le très-humble, & très-
respectueux serviteur,

L. DE ROHAN.

Le perfide prélat s'imaginait qu'à la réception
de cette lettre, l'Impératrice reine, ferait à sa
fille, les plus vifs reproches, & prendrait si bien
ses mesures, qu'elle donnerait lieu à une rup-
ture éclatante entre les deux amans. Mais il se
trompa, & cette femme à qui, malgré ses vices, on ne peut, sans justice, refuser un grand
caractère, vit avec plaisir des liaisons, dont une

» ma galanterie & ses effets ; on peut ignorer la
» vôtre, si vous la couvrez avec soin du man-
» teau de votre passion pour votre sexe ; mais,
» je vous le repete, ma fille, ménagez-vous. »

groſſeſſe qui revivifiait la branche régnante, avait
été le réſultat. Le cardinal ſe couvrit donc à la
Cour de Vienne, du juſte mépris qu'on lui montrait en France.

En ce tems-là, c'eſt-à-dire vers le mois de
décembre 1782, ou dans les premiers jours de
janvier 1783, la comteſſe d'Artois accoucha d'une
fille, qu'on nomma *Mademoiſelle d'Angoulême*,
& qui mourut ſix mois après (1) au château de
Choiſy-le-Roi, infectée du virus vénérien que
lui avait tranſmis ſa mère, à qui Charles-Philippes, dont les débauches avaient repris avec une
nouvelle fureur, l'avait communiqué.

Dans l'intervalle de la naiſſance & de la mort
de cet enfant, *Mademoiſelle* était auſſi décédée
à Verſailles le 5 décembre 1783, âgée de ſept
ans & quatre mois. D'Artois ne ſe montra au-
cunement ſenſible à cette double perte, qui fait
encore couler les larmes de ſon épouſe.

Déjà il commençait à fatiguer la reine, qui
cherchait à lui donner un ſucceſſeur, lorſqu'elle
jetta les yeux ſur un colonel de Royal-Suédois,
qu'on appellait le *beau Ferſenne*, à qui elle fit
paſſer par *Leſclaux*, garçon de chambre, un
billet pour lui donner un rendez-vous au *Petit-
Trianon*. Ce nouvel amant fut introduit dans le
voluptueux boudoir, par *Bazin*, autre confident
des plaiſirs de Marie-Antoinette. Cette nouvelle
intrigue continua juſqu'à ce que le colonel épuiſé,
prit le parti de la retraite, pour céder la place

---

(1) Le 22 juin 1783.

à la comtesse de la Motte, & au cardinal de Rohan, qui sont devenus si fameux depuis l'affaire du riche collier, dont la reine voulait faire tomber sur eux le vol, après l'avoir commis elle-même ; ainsi qu'on en a depuis acquis la preuve.

Jusqu'ici, nous avons vu Charles-Philippes développer, enfant, tous les germes de la corruption, & se rendre le délateur des actions de tous ceux qui l'entouraient ; nous l'avons vu adolécent débauché, mauvais mari, beau frere incestueux : nous allons maintenant le voir sujet rebelle, frere assassin, & nouveau Catilina, vouloir renverser la Monarchie de fond en comble, ou s'ensevelir avec elle sous ses ruines.

Depuis long-tems la situation affligeante des finances, que la reine, les princes & les ministres dilapidaient à l'envie, la révolution qui venaient d'avoir lieu en Amérique, & la guerre que livraient de toutes parts, les écrivains aux ministres pervers qui gouvernaient la France, présageaient les maux qui la déchirent aujourd'hui. Lorsque l'Etat fut dénué de toutes ressources, que les traitans ne virent plus rien à prendre, que le parlement de Paris eût refusé d'enregistrer *le Timbre* (1) *& l'impôt Territorial*, qui eût été

---

[1] Monstrueuse invention de l'esprit fiscal, qui eût ruiné nos manufactures, anéanti notre commerce, & plongé la France dans un déluge de maux.

D'Artois s'était chargé de faire enregistrer cet impôt effrayant, & il se rendit à cet effet au

exilé à Troyes, d'où il revint lâchement, après
avoir enregiſtré un vingtième, quoiqu'il eût dé-
claré que le droit de conſentir des impôts n'ap-
partenait qu'à la nation assemblée; lorſque par une
ſuite de ce principe, dont il ne prévoyait pas
les ſuites, il eût démandé les *Etats-Généraux*,
où il eſperait tenir le haut rang & diriger les
opérations, conformément au plan qu'ont toujours
eû les parlemens d'envahir toute eſpèce d'autorité, [1] lorſqu'enfin les *notables* eurent été

---

palais; mais l'affluence de peuple qui s'y trouvait, & les cris de proſcription qu'on pouſſait
de toutes parts, lui firent bientôt abandonner ſon
projet. Frappé de terreur, comme il avaient été à
Gibraltar, il prit la fuite & regagna Verſailles,
abandonné de ſes gardes. La pâleur ſur le vi-
ſage, & tremblant de tout ſon corps, il dit au
roi de ſe charger lui-même à l'avenir de faire
enregiſtrer ſes édits, & on ne le revit plus à
Paris.

[1] Malgré les juſtes reproches qu'on fait aux
parlement, il faut convenir qu'ils ont rendu les
plus grands ſervices à la nation, qu'ils ont mille-
fois oppoſé un frein au deſpotiſme miniſtériel,
& que les nouveaux tribunaux ne remplaceront
jamais ces corps antiques, où depuis leur inſti-
tution, on a toujours compté des hommes di-
gnes de l'immortalité. La demande qu'ils ont
faite des Etats-Généraux, eſt la cauſe de leur
deſtruction, & l'on peut leur appliquer ce paſ-
ſage de l'écriture : *Perditio tua ex te.*

congédiés, fans avoir trouvé des expédiens pour acquitter la dette nationale , il fallut bien que le roi confentit à la convocation deman- dée, avec les plus vives inftances par tous les corps du royaume ; mais il ne la promit que pour l'année 1792, & ce ne fut que d'après les murmures du peuple, & les cris des gens de lettres, [1] qu'il la détermina pour 1789, malgré toutes les oppofition des grands & des miniftres.

La reine, l'empereur fon frere, [2] les prin- ces & tous les autres perfonnages qui avaient caufé la calamité publique, s'imaginèrent que le premier foin des députés réunis, ferait de s'oc- cuper des moyens de fournir de l'argent & de faciliter de nouvelles déprédations ; mais ils furent trompés dans leur attente; & lorsqu'ils virent un plan conçu pour régénérer l'Etat, dé- truire tous les abus, & arrêter le luxe ruineux de la Cour, leur rage dès-lors ne connut plus de bornes.

Ici nous aurions à décrire des complots effrayans contre la liberté du peuple Français, fi nous vou- lions écrire l'hiftoire de la révolution, & l'on y verrait figurer principalement *Calonne*, *Brienne*, *Marie-Antoinette*, *d'Artois*, *Conty*, *Condé*, *Bour-*

---

[1] N'eft - ce pas ici le cas de citer cette maxime de l'academicien *Duclos* : » les grands, » les hommes en place, craignent les gens de » lettres, comme les filoux les reverbères. »

[2] Jofeph II , mort à Vienne le 20 Février 1790 , juftement exécré de fes fujets.

bon, d'Orléans, [1] son chancelier *la Touche*, *Freteau* & *Duval d'Epremesnil Mirabeau* l'aîné, *Bailly*, *Necker*, [2] *la Fayette*, [3] l'abbé *Maury*, *d'Estaing*, [4] *le Mounier*, *Ringard*,

---

[1] Celui-ci devait être nommé régent du royaume, & complimenté, en cette qualité, à l'hôtel-de-ville par *Bailly & la Fayette*. Dans un conciliabule tenu chez ce prince, on avait arrêté que le monarque serait rasé & relégué dans un cloître, comme certains rois des premières races, qu'on appellait *Fainéans*, Juigné, ci-devant archevêque de Paris, devait le confesser, puis le résoudre à vivre & à mourir cénobite, & lui administrer l'Eucharistie.

[2] D'Artois venait de faire la paix avec lui, parce qu'il en avait besoin. Jusque-là, chaque fois que ce ministre allait au conseil, le prince lui disait en lui montrant le poing : *Où vas-tu, traître d'étranger? Est-ce ta place au conseil F.... Bourgeois? Retourne-t'en dans ta ville; ou tu ne périras que de ma main.*

[3] Celui-ci est devenu depuis ennemi irréconciliable d'Orléans, contre lequel il fait circuler tous les jours des pamphlets injurieux, ainsi qu'en conviennent les colporteurs qui les vendent. On assure qu'il est à présent le favori en titre de la reine, & que le monarque le souffre, pour augmenter sa famille.

[4] Quoique d'Estaing soit entré dans un complot contre son roi, on verra plus loin qu'il l'a empêché de tomber sous les coups meurtriers de Charles-Philippes.

Broglie,

Broglie, Lambefeq, l'abbé Syeyes, [1] Vey-
rard, Barentin, Beʒenval, d'Autichamp, Lau-
rent de Villedeuil, Bertier de Sauvigny, &

---

[1] Voici un difcours que prononça cet abbé
dans un conciliabule à Monceaux, au milieu des
conjurés.

» MESSIEURS,

» Dans l'état défefpérant où font les affaires,
» il ne refte à la nation Françaife que la ref-
» fource de ce mettre fous la protection du grand
» prince qui préfide à cette illuftre affemblée.
» (Le duc d'Orléans,) le peuple Français, aveu-
» gle en fes defirs, ofe prétendre à une liberté
» illimitée, qui deviendrait funefte à la jufte fu-
» bordination dans laquelle il eft & doit être
» maintenue.
» Si le monarque affis fur l'empire des lys,
» n'a pas les talens & les qualités néceffaires pour
» être le pilote de fon vaiffeau, fi fes frères
» ne font pas mieux partagés en lumières & en
» capacité, nous avons la confolation d'admirer
» un grand homme en monfeigneur le duc
» d'Orléans, premier prince du fang.
» Il eft donc de notre prudence, & de notre
» devoir, d'employer toutes les tentatives, de
» redoubler tous les efforts de notre zéle pour
» déférer la régence du royaume à monfeigneur
» le duc d'Orléans.
» Jurons donc tous ici de ne rien négliger
» pour conduire ce prince immortel au fommet

autres conjurés dont l'énumération ferait trop longue. Mais nous ne devons rapporter que les faits qui ont rapport à notre héros.

De concert avec la reine, d'Artois & leurs adhérens, semaient par-tout de l'argent pour exciter des émotions populaires, & ralliaient les mécontens que venaient de faire les premières opérations de l'assemblée nationale, dans le sein de laquelle ils voulaient faire porter le fer & la flamme. Le génevois *Necker*, qui de petit commis des *Teluſſon*, était parvenu au miniſtere, où il était pour la seconde fois, fournissait aux conſpirateurs tous les fonds nécessaires à l'exécution de leurs projets sanguinaires, & était lui-même l'ame de la conſpiration, pendant que tous les citoyens qu'il affamait, lui prodiguaient les épithètes du *pere du peuple* & de *ſauveur de la France.*

Les plus grands malheurs menaçaient alors la liberté Françaiſe. Paris était inveſti de troupes & au premier ſignal, les habitans devaient être égorgés dans leurs foyers. Voici des détails certains que nous nous ſommes procurés à cet égard.

» du gouvernement. Nos intérêts, meſſieurs,
» nous en font un devoir, & le peuple, retenu
» dans ſes chaînes, apprendra qu'il n'eſt pas fait
» pour devenir notre maître, & nous aſſervir
» ſous le joug de ſes caprices & de ſa bruta-
» lité.

(*Ici on crie : Vive monſeigneur le duc d'Or-léans, régent du royaume.*)

(51)

Le samedi 11 juillet 1789, *M. Thierry de Ville davray*, traversait plusieurs appartemens pour parvenir à la chambre du Roi, dont il était valet de chambre. Chemin-faisant, il entendit parler à voix basse, mais confusément dans une pièce voisine. Parmi les sons divers dont ses oreilles furent frappées, il crut distinguer la voix du maréchal de Broglie, qui disait : *j'en fais mon affaire*, ainsi que celles de Charles-Philippes & du prince de *Lambeseq*, qui lui était assez familliers. Il s'arrête, écoute avec beaucoup d'attention, & après avoir entendu plusieurs fois prononcer les noms de *Brienne*, de *Foulon*, du défunt garde des sceaux *de Lamoignon*, sans savoir quel pouvoit être l'objet d'une conférence si extraordinaire, qu'on tenait quelquefois à voix très-basse, il entendit très-distinctement ces paroles de d'Artois : *Eh, ma sœur soyez tranquille, je vous promets sur ma tête que le bénêt* [1] *ne sera pas redoutable dans quarante huit heures; je me charge de cela, & l'on verra beau jeu.* Ensuite on garda le silence pendant quelques instans.

Lorsque l'on recommença à parler, M. Thierry, était si tremblant, sa frayeur était si grande, qu'il craignit de se trouver mal & d'être surpris. Il se retira donc & courut tout en désordre avertir *d'Estaing* de ce qui ce passait. Celui-ci lui témoigna la plus grande surprise; lui

____

[1] On devine facilement qu'il s'agissait du Roi.

dir que le complot était trop exécrable, [1] &
passait trop les bornes de la vraisemblance, pour
qu'il y pût croire. M Thierry ne répondit qu'en
offrant sa personne pour caution de ce qu'il annonçait. D'Estaing parut accepter la proposition,
& se chargea d'imaginer un expédient pour
empêcher les conjurés de soupçonner Thierry,
l'auteur de la divulgation de leurs secrets, ce
qu'il eussent pu faire, ayant plusieur fois rencontré ce valet-de-chambre dans des appartemens,
& à des heures d'après lesquels ils avaient ima-
giné, mal-à-propos peut-être, qu'il les espion-
nait, & s'étaient comportés à son égard avec
une circonspection qui tenait de la méfiance.

Alors d'Estaing alla trouver le roi, & ne le
quitta pour ainsi-dire plus jusqu'à l'apparution
dont nous allons parler. Il était avec lui dans
sa chambre, lorsque le 12 juillet 1789, vers
le midi, il entendit traverser une pièce voisine
par une personne qui marchait à grands pas.
Alors il quitta brusquement le monarque, &
s'élança vers une porte qui s'ouvrait déja. Il
reconnu d'Artois, & lui présenta deux pistolets,
en lui disant : *mon prince, votre altesse royale
n'entrera chez Sa Majesté, que lorsqu'elle m'aura*

---

[1] D'Estaing connaissait le complot, il en
était même, ainsi que nous l'avons fait voir plus
haut; mais il ignorait qu'on eut résolu d'assas-
siner le monarque, & quelque coupable qu'il fut
de tremper dans une conspiration quelconque,
il était incapable de se prêter à un meurtre comme
celui que projettait d'Artois..

étendu mort *sur le parquet.* (1) En même-tems, le roi qui s'apperçut que d'Estaing n'était pas d'a-bord resté auprès de lui, & ne l'avait pas quitté tout-à-coup sans quelque raison grave, jetta un grand cris pour appeller ses gardes. (2) D'Artois se voyant découvert, se retire, & dit, en affectant beaucoup de sang-froid : *point de bruit, comte, si mon frere n'est pas visible à présent, je lui dirai dans un autre instant ce qui m'amenait.*

Il rejoignit en même-tems la reine, la Polignac, l'abbé de *Vermond*, *Foulon*, [3] & le comte de *Mercy*, qui se livraient à la joie la plus bruyant, au bruit de la musique allemande, qui devait célébrer dans peu le massacre général des Parisiens. A cet instant, *Lambescq*, ce rejetton d'une famille de traitres à la nation Française, était au pont-tournant des Thuileries, où il sabroit de droite & de gauche. [4]

Il y avait à cette fête de cannibales, & nous

---

(1) Quelle générosité, quelle noblesse d'ame dans un homme coupable de trahisson envers son roi & la nation! Que le cœur humain est in-compréhensible !

[2] On ne les lui avait pas encore ôtés.

[3] On ne se rappelle le genre de mort qu'à subi cet infâme maltoûer. Peu de jours auparavant, il avait dit que le peuple n'aurait qu'à manger de l'herbe ou du foin, quand il trouverait le pain trop cher.

[4] On colporta dans Paris à cette occasion une feuille intitulée : *le Sabreur des Thuileries.*

garantissons l'authenticité de ce fait, un seigneur de la cour de l'Empereur, qui venait de l'envoyer *incognito*, pour former un parti en France. Voici les propos que tenaient les chefs de la cabale, nous les rapportons, quoiqu'ils soient en quelque sorte étrangers à la vie que nous offrons à nos concitoyens, pour fournir de matériaux à l'homme de lettres qui écrira l'histoire de la révolution.

Le comte de Mercy : *j'avais toujours cru vos français bonnes gens, il faut les corriger, & leur apprendre qu'ils sont les esclaves nés des princes. Ce qu'ils font ressemble assez à l'insurrection des Brabançons. Votre canaille de France ne rentrera dans son devoir qu'à force de recevoir les étrivières.*

La reine : *Paris sera dans trois fois vingt-quatre heures une belle plaine.*

D'Artois : *C'est peut-être mercredi que se vérifiera la prédiction d'un certain bonhomme qui disait : un père dira un jour à son fils :* PARIS ETAIT-LA.

La reine repliquait : *On dit que les terreins brûlés sont plus fertiles que les autres. La plaine parisienne sera donc un pâturage bien gras.* (1)

---

[1] On dirait que notre *Jezabel* connaît ces vers de *Virgile* :

Sæpé etiam steriles incendere profuit agros,
Atque levem stipulam crepitantibus urere flammis.
Sive inde occultas vires & pabula terræ
Pinguia concipiunt, sive illis omne per ignem
Exsudat inutilis humor, & cæca relaxat
Spiramenta, novas veniat qua succus in herbis.
&c. &c. &c. &c. &c.

Georgicon, libro primo.

Paris en effet devait subir le 14 juillet, à onze heures du soir, une triple attaque dont les détails & les évolutions sont expliqués dans une petites brochure intitulée: *les Crimes dévoilés*, qui a paru alors. Le maréchal de Broglie était choisi pour généralissime des assassins enrégimentés, qui devaient faire le sac de cette ville. Elle devait sur-tout être bombardée à boulets-rouges, du haut de la montagne de Monmartre, où l'on faisait des préparatifs & des travaux immenses depuis plus d'un mois. Les troupes campées près des invalides, & celles qui étaient cantonnées autour de la métropole, devaient fondre les armes à la main, sur les parisiens épouvantés, égorger ou poignarder les uns, pendre les autres à des potences qu'on aurait plantées dans tous les quartiers de la capitale. Le Quai des orfévres seul devait d'abord être ménagé, & le pillage en était permis aux soldats. Enfin, le viol, l'inceste, le parricide, le sacrilége & un incendie général, devaient précéder la destruction totale d'une ville dont l'existence est antérieure à l'ère chrétienne.

Un sergent de Royal-Allemand, à qui on a donné dix mille livres de récompense, & facilité sa sortie du royaume, a révélé l'infernal projet dont nous venons de rendre compte. Les nouveaux détails qu'on va lire, jetterons un grand jour sur une conjuration dont *Caligula* lui même aurait frémi [1]

---

[1] Caligula n'avait que desiré l'assassinat du peuple romain, mais il n'aurait jamais osé l'entreprendre; d'Artois & ses complices avaient

Voici la forme d'un des instrumens de mort qui devaient servir au massacre projetté. On pourrait dire celle du *poignard aristocratique*.

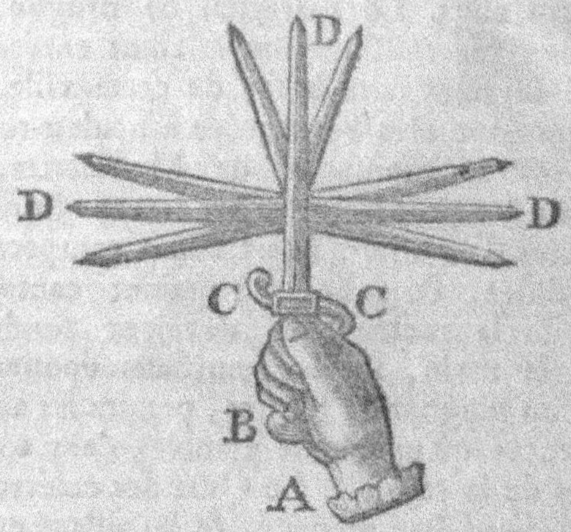

A. Représente le poignet qui tient le poignard,

B. Représente le pommeau.

Le double *C*. représente la garde qui doit couvrir le poignet,

Le triple *D*. représente neuf lames tranchantes, dont on devait frapper dans tous les sens, les citoyens qui se seraient trouvés dans les rues, qu'on voulait couvrir de cadavres.

Il y avait aussi des fusils dont il est inutile de donner ici la forme. Il nous suffit de dire que cette

---

résolu celui d'un million d'habitans de leur païs, & qu'ils l'allaient exécuter ; lorsque les français ont pris les armes.

espèce

cette espéce d'armes, l'une des plus meurtrières qui ait jamais été inventée, se tient sur l'épaule sans être soutenue par la main. Il y a près du bassinet un piston qu'il suffit de pousser dans une échancrure pratiquée dans la largeur du fusil, au-dessus de la batterie, pour faire tomber dans le canon une des cinq ou six balles qui se trouvent placées dans une cavité qui le surmonte, de sorte qu'on peut charger trois fois son fusil & tirer quinze ou dix-huit coups en une minute, qnand on est habile à le charger. On trouverait au besoin cette espèce de fusil & le *poignard aristocratique*, chez M. *Berthier* Gouverneur de l'hotel de la guerre, à Versailles.

De Flesselles venait de recevoir d'un nommé *Morin*, compagnon orfevre, natif de Charleville, le coup de pistolet qui lui a ôté la vie, lorsqu'on arrêta un courrier qui venait apporter à ce perfide prévôt des marchands (1) un billet, dans lequel on trouvait ces mots: *Votre conduite a été prudente; dite au G.* (au gouverneur de la Bastille) *que l'étoile paraîtra au point du jour*, &c. &c. &c. Cette missive a été trouvée dans la botte du courrier, entre deux cuirs.

Au point du jour, un canonnier du parti ennemi, devait mettre le feu à une mèche communiquant à quatre tonneaux de poudre placés sous la salle des états-généraux. Sa répugnance à obéir, sa lenteur à s'y disposer, le cri de sa conscience, quelques mots qu'il a lâchés ont sauvé les jours des députés.

---

(1) Dignité suprimée depuis, comme infâme, & à laquelle on a substituée celle de maire, dont

H

Le fratricide que voulait commettre d'Artois ayant été prévenu par d'Estaing, on devait perfuader au monarque d'aller à Metz pour quelque tems ; il y devait fubir le même fort que les députés. On y voyait encore en Septembre 1789, les veftiges d'une mine qui devait faire fauter une partie de la ville.

Cet affaffinat qu'on méditait contre la perfoune du roi, & dont Metz devait être le théâtre, étant exécuté, Foulon devait être contrôleur-général, Fleffelles & Bertier de Sauvigny [1] auraient été nommés miniftres.

---

eft pourvu le philofophe *Bailly*, qui depuis fon élévation, a cessé de méditer le fyftême planétaire.

(1) Intendant de Paris, gendre de Foulon, dont il a fubi le fupplice.

Réfultat des notes trouvées dans le portefeuille faifi à Compiegne fur le Bertier, jour de fon arreftation.

1°. *Jean-Marie de Befenval*, lieutenant des fuisses, à Courbevoye, fe plaignait de n'avoir point de cartouche.

2°. Le prince de Lambefcq accufait la réception de trois milles cartouches reçues à une heure du matin.

3°. *Defprez* fe plaint à M. *Dureil* de ce qu'il lui manque des balles.

4°. Le comte *de Revillac* demande à toucher des fond fur le produit de la vente des grains faite par le gouvernement.

5°. Le Comte *de Bar* demande un rendez-vous.

Au milieu des complots qui menaçaient les jours du monarque & la tranquilité de ses états, la cabale était parvenue à le déterminer à renvoyer les ministres pour en faire nommer d'autres, dont la vie avait été un tissu de scélératesses & d'infamies.

Necker, qui déplaisait depuis quelques mois, parce que le mauvais état des finances l'empêchait de continuer à fournir de l'argent aux conjurés, avait été compris dans la proscription. Le onze juillet (1) il partit *incognito*.

Cette nouvelle fut apportée le lendemain au

6°. Le même demande s'il peut venir chercher des balles.

7°. Rend compte du nombre des soldats fêtés au palais-royale, & désigne les orateurs.

8°. Intention d'établir un camp à Saint-Denis, de couper les récoltes en verd, sauf les indemnités.

9°. Lettre de Bertier au Champ-de-Mars, qui annonce qu'il est chargé des opérations du camp avec M. *de Vaucouleurs*.

De Mantes

Lettre de M. *de Valson* qui demande 2000 cartouches.

Autre trouvée dans le porte-feuille.

M. le comte *de Vasson* demande 2000 cartouches de moule.

&c. &c. &c.

(1) 1789.

Palais-Royal sur les cinq heures. Les citoyens qui
y étaient assemblés en grand nombre, firent sur-
le-champ fermer tous les spectacles ; on cria aux
armes , on arbora la cocarde (1) , on sonna le
tocsin dans les églises , & on ne fit diversion que
pour se porter tumultueusement au pont tour-
nant des Tuilleries , où , comme nous venons de
le dire , Lambescq venait de se montrer avec sa
troupe.

Les feuilles que la révolution a fait éclore ,
ont donné des détails exacts de tout ce qui s'est
passé depuis cette époque. On sait qu'en deux
jours, les Parisiens sont devenus autant de *Cé-
sars* & de *Brutus*, qu'ils ont conquis en 3 heures [2] la Bastille, [3] ce colosse effrayant que
Louis XVI & Turenne avaient jugé imprena-
ble , arraché les entrailles de l'impitoyable gouverneur de cette forteresse , (4) & pendu une

____

(1) On avait pris d'abord la cocarde verte ,
mais on rejetta bientôt avec indignation cette
couleur qui était celle de d'Artois , & on arbora les trois couleurs de la ville. Necker &
d'Orléans , dont on ignorait encore les monstrueux projets , recueillaient alors toutes les mar-
ques de l'affection publique.

(2) Le 14 juillet 1789 , jours à jamais mé-
morable dans les fastes de la liberté.

(3) Elle avait été commencée sous Charles V
en 1369 , & finie en 1383 , sous la prévôté
d'*Aubriot* qui y fut enfermé.

(4) Le marquis de *Launay*, dont l'infâme tra-
hison a mis la rage dans tous les esprits.

infinité de traitres de monopoleurs & d'espions.
Nos neveux regarderaient tous ces prodiges comme des fables, si une quantité d'écrivains véri-
diques de notre siècle n'en attestaient la réalité,

On sait ce qui c'est passé depuis la punition
des *Foulon*, des *Berrier* des de *Launay*; on
connait tous les détails des faits qui ont précédé & suivi l'entrée que fit le roi à Paris, le
vendredi 17 juillet 1789, pour se rendre à l'hôtel-de-ville où il accepta la cocarde nationale.
Lorsqu'il fut retourné à Versailles, d'Estaing qui
craignait que les conjurés, de près ou de loin, ne
fissent périr le valet de chambre Thierry, qu'ils
regardaient comme le révélateur de leur com-

Voici la troisieme strophe d'une ode qu'on fit
au sujet de la destruction de la Bastille, & qui
avait pour titre : *Les nouvelles Philippiques, ou
le* Te deum *des Français, &c.*

» Mes amis, servez mon délire,

» De *Launay* succombe, il expire,

» Le fer a dévoré son flanc;

» Frappez encor, nouveau vampire,

» Je veux m'abreuver de son sang.

» Déja, sur la place publique,

» La populace frénétique,

» Les yeux de rage étincelans,

» Crie, en montrant sur une pique

» La tête du suppôt inique;

» Ainsi mourront tous nos tyrans. »

plot, convint avec Sa Majesté, qu'elle ferait à Thierry quelques reproches publics, sous prétexte d'indiscrétion & de rapports fait par lui à la reine ; en effet, le roi le rencontrant, lui donna le coup de poig qui a tant occupé les gazettiers, & qui a donné lieu à une brochure d'un quart de feuille in-18. intitulée : *La Bonne nouvelle.*

On la fit en même tems saisir secrettement chez tous les libraires & dans les mains des colporteurs, pour empêcher que les reproches du Roi à Thierry, & le coup de poing dont nous venons de parler, ne fissent regarder comme un traitre ce valet de chambre qu'il a toujours affectionné.

Nous pouvons assurer ce fait que nous tenons de huit libraires du palais-royal, qui nous ont dit aussi que la famille de Foulon avait obtenu des ordres ; en vertu desquels on avait saisi & confisqué dans leurs boutiques un autre imprimé ayant pour titre : *La Botte de foin, ou La Mort de M. Foulon,* formant aussi un quart de feuille in-8°.

Il est si vrai que les reproches & le coup de poingt du Roi à son valet de chambre étoient feints, & qu'il n'a point perdu la confiance de son maître, que le Monarque, en écrivant au gouverneur de l'hôtel de la guerre, à Versailles, pour lui ordonner de faire lever le plan d'une maison de Ville-d'Avray, appartenante à Thierry, s'exprimait en ces termes : *en levant le plan de la maison de Thierry qu'on n'endommage point la possession de ce bon serviteur.*

Il n'était pas possible que la chûte de la bas-

tille, & les suplices que le pleuple justement ir-
rité venait de faire subir à ses tyrans, ne chan-
geassent la face du Gouvernement. Aussi virent-
ils que leur règne était passé, & qu'ils allaient
rentrer dans la classe de leurs concitoyens qu'ils
méprisaient. Ceux qu'on appellait alors *les grands*,
tremblèrent; ils perdirent pour un tems [1] l'espoir de dissoudre l'assemblée nationale, & virent
qu'ils ne pouvaient éviter le sort de leurs semblables que par une fuite précipitée. *Conty*. [2]
fut le premier à leur donner ce conseil, & son
départ fut le signal de celui de tous les autres.

Le fratricide d'Artois, dont toute la Nation
demandait alors la tête, & qui l'eut perdue sur
la place de Grève, comme Foulon, Berthier, &
les autres traîtres de cette espèce, sans l'amour
des français pour leur Roi, dont il est le frère,
aurait bien désiré de rester en France; mais il n'y
avait plus de sûreté pour lui, dans une nation que
le plus monstrueux des attentats venait d'irriter
contre lui. Il se détermina donc à partir.

Avant de prendre la fuite, il alla faire ses adieux
à la *Raucourt*, (3) dont il était alors l'amant titré,

---

(1) Nous disons *pour un temps*, parce qu'ils
ont recommencé leurs complots, dès qu'ils se sont
vus en sûreté chez les puissances voisines.

(2) Lisez la vie de *Louis François-Joseph de
Conty*, dans laquelle se trouve sa correspondance
secrète avec ses complices.

(3) *Extrait des révolutions de Paris* n°. 11.
» Nous apprenons dans ce moment qu'on vient
» d'amener à l'Hôtel-de-ville, Mademoiselle *Rau-*

& à Marie Antoinette, avec laquelle il pleura long-temps de n'avoir pu consommer la destruction de son pays.

Enfin il s'éloigna, la rage dans le cœur, & se rendit à Bruxelles où étaient déja une quantité de proscrits, dont la réunion était appellée *la petite cour de France.* (1) Sur la route il reçut mille té-

---

» *cour* ancienne (actrice des français) qui avait
» demandé un paseport pour Amiens. Ses liaisons
» avec nos fugitifs l'on fait regarder comme sus-
» pecte : elle a été arrêtée à Saint-Denis par un
» détachement de cavalerie de la garde natio-
» nale, à la tête duquel était M. *d'Hières*, com-
» mandant du District des petits *Augustins.* On
» a pris les plus grandes précautions pour s'assu-
» rer de tous les paquets dont elle pouvait être
» chargées. »

Cette fille Raucourt, Maîtresse de Charles-Philippes, avait demeuré long-tems, ainsi que la *Lange,* autre actrice, qui a aussi été Maîtresse de d'Artois, dans une maison située rue de Condé, appartenant à un ancien compagnon horloger, nommé *Pierre-Augustin Caron,* dit *Beaumarchais,* être taré & équivoque, que M. *Bergasse* désignait ainsi dans un mémoire relatif à la cause des sieurs & dame *Kornmann :* ce *Tigellin* impur, cet infâme *Ruffin,* cet obscur *Erostrates,* ce conjurateur *Catilina,* cet adultère *Chrispin,* ce traître *Doeg,* cet insipide *Marsus,* ce bannal & équivoque *Figaro* .....

[1] Voyez le N°. II des *Révolutions de Paris,* p. 32.

moignages de l'exécration publique. La Comtesse
son épouse, qu'il avait quittée sans lui donner
la moindre marque d'attachement, reprocha vivement à la reine de l'avoir voulu rendre l'instru-
ment de ses vengeances, contre un peuple généreux & sensible, & de l'avoir conduit à sa perte.

Le mauvais accueil qu'on lui avait fait à
Bruxelles, lui ayant persuadé qu'il ne pouvait
trop se hâter d'abandonner cette ville où sa vie
& celle de ses gens n'était plus en sûreté, il se
rendit à Vienne, où il fut très bien reçu de l'Empereur, à qui Marie-Antoinette venait d'écrire
en sa faveur. Il était déterminé à s'y fixer, lorsqu'il reçut de Louis-Philippes-Joseph de Conti,
la lettre suivante,

» MONSEIGNEUR,

» J'apprends avec le plus grand plaisir que
» votre altesse royale vient de se soustraire à la
» brutale férocité de la canaille française, &
» qu'elle s'est retirée à la cour de Vienne, où
» elle reçoit tous les égards qui lui sont dûs.
» J'aurais bien desiré, ainsi que M. de Condé,
» mon cousin, pouvoir vous indiquer le lieu de
» notre retraite, & de celle d'une infinité de
» seigneurs qui nous ont accompagnés, mais
» les arrestations qu'on fait tous les jours à des
» couriers chargés de paquet pour la France,
» m'ont empêché de vous donner plutôt de mes
» nouvelles. Nous sommes refugiés à Turin,
» d'où nous entretenons une corespondance
» exacte & sûre avec plusieurs puissances que
» nous sommes certains de déterminer à épouser
» notre vengeance, contre un peuple qu'il faut

I

» remettre dans une servitude dont il n'auroit
» jamais dû sortir. Je vous invite donc à vous
» réunir promptement à nous. Sa majesté Sarde
» recevra votre altesse royale, avec la distinction
» qu'elle mérite, & ne verra en elle qu'un gen-
» dre injustement persécuté, dont il faut épouser
» la querelle. Nous vous attendons tous avec le
» plus vif empressement.

    » Je suis avec respect, de votre altesse royale,
» Monseigneur,

A Turin, le 22 juillet   Le très-humble serviteur,
    1789.   LOUIS-PHILIPPE-JOSEPH
               DE CONTY.

Pendant que Conty témoignait ainsi le dessein
d'armer contre nous les puissances de l'Europe,
il faisait circuler en France le précis qu'on va
lire, extrait du N°. X des *Révolutions de
Paris*.

    » Ayant toujours espéré que la vérité triom-
» pherait de la calomnie, je suis resté dans le
» silence jusqu'à ce moment ; mais il ne m'est
» plus ni possible, ni permis de le garder, puis-
» que mes ennemis ne m'en poursuivent qu'avec
» plus d'acharnement.

    » J'ai été forcé de sortir du royaume, parce
» que la multitude prevenue contre moi, &
» échauffé par des calomnies atroces, a cru que
» j'avois fait le commerce des bleds, & que
» d'après cela je méritais font animadversion &
» sa haine.

    » En conséquence, menacé par tout du fer,
» du feu & du poison, il ne m'est plus resté
» d'autres ressources que de fuir ma patrie, &
» telle est la position dans laquelle je suis de-

» puis le 13 juillet dernier, sans que je puisse
» en préfumer le terme.

» Des perquifitions faites chez moi, impri-
» mées & fignées de ceux qui en ont été char-
» gés, prouvent la fausseté de ces inculpations.

» On me calomnie encore journellement en
» difant, que j'ai payé pour exciter des trou-
» bles & des révoltes, & empêcher les moulins
» de moudre, &c

» Je défie qui que ce foit de parvenir à
» prouver aucun de tous ces faits.

» Obligé de préfider an bureau de notables,
» & de donner mon avis dans cette assemblée,
» j'ai dit & écrit à cette occafion, en mon ame,
» & confcience, ma façon de voir & de pen-
» fer, & en cela j'ai fait mon devoir d'honnête
» homme, que perfonne ne peut ni ne doit
» me reprocher.

» On répand de plus, que je fuis entré dans
» des complots, machinations, &c. je déclare
» formellement & authentiquement que cela eft
» fauf, & que j'ai même la fatisfaction de
» pouvoir dire, que jamais de telles propofitions
» ou confidences ne m'ont été faites.

» J'ai toujours cherché depuis que je fuis
» au monde, à mériter l'eftime publique, &
» ce n'eft point à mon âge que l'on cesse d'en
» fentir le prix.

» Je n'ai jamais été ambitieux, politique ni
» intriguant, & n'ai formé & ne forme d'autres
» vœux, que d'achever mes jours tranquille-
» ment, au milieux de mes concitoyens, que
» je voudrai favoir auffi heureux que je l'ai
» toujours défiré.

» Il eft fi intéreffant pour moi que tout ceci

» foit connu, que je n'héfite pas à le rendre pu-
» blic par la voix de l'impreffion.

La lettre de Conti détermina promptement
d'Artois à quitter la cour de l'Empereur pour fe
rendre auprès des conjurés. De fon côté, Necker,
que le roi avait rappellé, revint en France, où
il fut accueilli par tout, comme l'aurait été *Sully*,
à qui on ne faifait pas de difficulté de le com-
parer, parce qu'alors on ne connaiffait pas les
projets défaftreux qu'il a depuis exécutés. Le 30
juillet, ce vil agioteur fit fon entrée à *Paris*, où
les citoyens lui décernèrent des honneurs (1) dont
il n'eft pas d'exemple dans l'Hiftoire, & dont ils
rougiffent maintenant : fon premier foin fut de
demander une amniftie en faveur des conjurés,
& leur rentrée dans le royaume. Les électeurs
réunis à l'hôtel-de-ville, eurent l'imbécillité d'y
confentir, comme s'ils en euffent eu le droit ;
mais deux jours après, lorfqu'on leur eut montré
l'inconféquence & l'irrégularité de leur conduite
à l'égard du Génevois, ils rétractèrent leur arrêté, & lui adreffèrent cette rétractation.

Arrivé à Turin, d'Artois reçut des conjurés,
les félicitations les plus flatteufes. Les autres fugitifs y avaient été fort accueillis, mais la
renommée avait devancé d'Artois, & malgré les
belles affurances que lui avait donné Conti, il
effuya du roi une réception très-humiliante (2).

---

(1) Il circula à ce fujet un imprimé fort mal
écrit, dont Necker était lui-même l'auteur, ayant
pour titre : *Entrée triomphante de M. Necker à
l'hôtel-de-ville*, &c.

(2) Pendant que d'Artois, Conti, Condé,
Bourbon, & les autres conjurés, fe réfugiaient

Chaffé depuis ce tems par plufieurs feigneurs qui
lui ont interdit leurs maifons pour diverfes lâ-
chetés, & principalement pour avoir refufé de
fe battre avec un qu'il avait grièvement offenfé,
il ne s'occupe que des moyens de faire liguer la
Sardaigne, l'Efpagne, la Sicile, & tout le corps
germanique, contre la France, où il entretient
des relations exactes avec les chefs que nous re-
gardons comme les plus fermes colonnes d'une
conftitution qu'ils veulent détruire, en paraiffant
la protéger. On en pourra juger par les lettres
fuivantes qui ont été faifies à Montargis le 27
Septembre 1789, fur un particulier logé à l'hôtel
de Picardie, où il s'était préfenté fous l'habit d'un
marchand forin, fous le nom de *Laporte*. La
maréchauffée l'ayant rencontré de nuit dans les

à Turin, une quantité d'autres ennemis de la
révolution inondaient les cours des différens princes
d'Allemagne. Quant à Louis-Philippes d'Orléans,
il fe retira à Londres, où le contrôleur-général
Calonne, depuis peu auffi rendu à Turin, lui
prodigua les fêtes & les éloges. En fuyant fa
patrie, il fit courir le bruit que le roi l'envoyait
en Angleterre pour traiter les affaires du Brabant
avec fa majefté Britannique. Puis il fit répandre
dans Paris qu'il allait revenir avec des convois
immenfes de farines, comme s'il eût été naturel
que l'Angleterre nous en vendît, tandis qu'elle
ne produit pas affez de grains pour nourrir fes
habitans. Il cachait ainfi du voile de l'intérêt public fes correspondances avec nos ennemis, &
fur-tout avec *Laclos*, auteur *des Liaifons dan-
géreufes*, homme fans mœurs, dont l'exiftence
eft un crime de la nature.

rues de la ville, lui demanda son nom & son passe-
port, & ayant remarqué dans ses réponses, un
embarras que n'éprouve jamais un homme de
bonne foi, le conduisit chez le maire de la ville,
où il fut fouillé & interrogé. Alors il avoua qu'il
était le chevalier *du Tremblay*, qu'il arrivait de
Turin, & qu'il était chargé de remettre à leurs
adresses les dépêches dont il était porteur. Voici
ce qu'elles contenaient.

Lettre à Necker.

Turin, le 16 Septembre 1789.

» Malgré les désagrémens que je vous ai fait
» éprouver, dans un tems où je vous faisais l'in-
» jure de douter de votre dévouement à mon
» service, quoique vous m'en eussiez précédem-
» ment donné des preuves non-équivoques, en
» me fournissant les fonds nécessaires à l'exécu-
» tion de mes projets, je ne doute pas que vous ne
» travailliez très-sérieusement à négocier mon
» retour en France. (1) Mais il est à propos que
» Paris ait lieu de se repentir de ses murmures

______

[1] Pendant qu'il s'occupait des moyens de
revenir en France, on faisait chez lui des re-
cherches, lors desquelles on a trouvé dans ses
papiers une lettre écrite en 1763, par *Jean-Jacques*,
non à lui, mais à un mylord qui l'avait laissée
dans la maison de Charles-Philippes, on ne sait
comment. Cette lettre contenait entr'autres chose,
la phrase prophétique qu'on va lire : *si la nation
française est avilie, c'est par le fait d'autrui,
souvenez-vous, mylord, qu'elle ne sera pas vile
dans vingt ans.*

» contre mes cousins & moi. Entretenez-y tou-
» jours la disette du pain ; conciliez vos plans
» avec ma belle sœur , votre reine , & concertez
» vos batteries avec MM. *de la Fayette & Bailly*,
» dont le zèle & l'attachement me font attestés
» par les promesses consignées dans les différentes
» lettres qu'ils m'ont fait parvenir. Je n'ai rien
» tant à cœur que d'en venir à mon honneur ,
» & de tirer une vengeance exemplaire de la na-
» tion française , qui m'a contraint de m'expa-
» trier. Comptez fur ma reconnaissance & mon
» estime »,

Signé CHARLES-PHILIPPES D'ARTOIS.

Nous nous dispensons de rapporter ici deux autres lettres , dont l'une était adressée à Bailly, & l'autre au général Mottier.

Qu'on juge, d'après celle qu'on vient de lire , de l'espèce d'hommes à laquelle la France a confié fa destinée. Necker est parti dans le courant du mois de septembre dernier , emportant avec lui la plus grande partie du numéraire de l'état, fans avoir rendu fes comptes , & laissant la valeur d'environ trois millions , pour trente ou quarante qu'il redoit, & après avoir perpétuelle-ment accaparé les grains & les farines , pendant un ministere qui a préparé la dissolution de la monarchie , à laquelle nous touchons mainte-nant.

Bailly , ce pédagogue insolent , encore tout couvert de la poussiere académique , ce haran-gueur des femmes de halles , des gens de ports, des charbonniers & d'autres gens de cette espèce qu'il aime , parce qu'il est né comme eux dans la crapule , tient des notes de ce qui se

paſſe dans l'aſſemblée nationale , & dans les ſo-
ciétés anti-patriotiques , en faveur de nos ennemis qu'il en inſtruit exactement. Il eſt le premier
eſpion du peuple à qui il doit une place dont
il ſera chaſſé honteuſement , avant l'expiration
des deux années pendant leſquelles il eſpère de
bouleverſer la France.

Mottier , dit *la Fayette* , ce héros de ruelle ,
qui ne rougit pas de proſtituer ſa femme à ceux
qu'il croit utiles à l'exécution de ſes projets dé-
ſaſtreux , ce chef infâme d'un parti qui cherche
à armer la garde nationale contre elle-même ,
ce profanateur ſacrilége de l'aſyle de nos rois , (1)
forme différens partis dans la capitale , ſeme
la diviſion dans les diſtricts , & pérore *inſi-
dieuſement* les gardes nationales , dont il veut
ſe ſervir , à leur inſu , pour opérer une contre-
révolution , par l'effet de laquelle il eſpere tenir
les rènes du royaume avec le monarque.

On a vu par la lettre de Charles-Philippes à
l'agioteur Necker , qu'il ne cherchait que l'occa-
ſion de revenir en France. Celui-ci lui ayant fait
réponſe que la ſituation des affaires , & le cour-
roux du peuple s'y oppoſaient ; les conjurés réunis à Turin , deliberèrent ſur le parti qu'ils devaient prendre , & réſolurent d'envoyer Conti ,
l'un d'eux , ſonder les diſpoſitions des Franç is ,
& examiner par lui-même quelle eſpèce de ten-
tative ils pouvaient faire , pour remettre la nation
dans la ſervitude dont elle venait de s'affranchir.

Conti fut en effet député à Paris , où il ſe

____

[1] Qu'on ſe rappelle la journée du 6 octobre
1789.

préſenta

présenta dans le courant du mois d'avril , avec tous les dehors d'un homme que l'on avait calomnié. Il se rendit d'abord au district des Jacobins , où il prononça un discours qui annonçait le patriotisme le plus pur , & prêta le serment civique , qu'il accompagna d'une contribution pécuniaire , pour le besoin des pauvres.

Les citoyens auxquels il demandait ce qu'il appelle la justice due à son amour pour le bonheur de la nation , le crurent sincère , & lui firent beaucoup d'accueil. La reine & *Monsieur*, qu'il visita ensuite , lui prodiguaient aussi mille témoignages d'affection.

Assuré dès-lors d'avoir regagné l'opinion publique , qu'il avait très-justement perdue , il entra en correspondance avec les conjurés de Turin , dont il était l'émissaire. Voici deux lettres qu'une infidélité ou le patriotisme de son secrétaire a rendues publiques.

Lettre de Conti à d'Artois.

» MONSEIGNEUR,

» Je n'ai rien négligé depuis mon retour, pour
» servir votre altesse royale , & notre cause com-
» mune. J'ai été bien accueilli à Paris , & dans
» le district des Jacobins, *où j'ai insidieusement*
» *prêté le serment civique.* J'ai prononcé le dis-
» cours que je vous avais lu : il a été entendu
» avec transport. J'ai , pour sortir avec les accla-
» mations de la populace , distribué quelques
» louis. Ainsi, Monseigneur , tout va bien , &
» avant peu , tout ira mieux. Je n'oublierai jamais
» que vos intérêts sont les miens , & ceux de
» toute notre famille.

Signé CONTI.

Lettre du même au ci-devant prince de Condé.

Paris, ce 3 mai 1790.

» MONSIEUR & CHER COUSIN ,

» Je suis arrivé en France en très-bonne santé.
» Nos ennemis triomphent , mais notre parti
» se soutient. Il n'a besoin que de notre crédit
» pour opérer une anti-révolution au gré de nos
» vœux. Soyez bien persuadé que je m'y vais
» prêter , & que je vous instruirai incessivement
» de nos opérations , & du tems où votre pré-
» sence sera nécessaire ici. Je salue mes parens ,
» mes amis , & suis votre affectionné cousin.

Signé CONTI.

D'Artois n'eut pas plutôt reçu la premiere des
deux lettres qu'on vient de lire , qu'il y répondit
par la suivante.

Turin , le 2 septembre 1789.

» A la réception de votre lettre , Monsieur ,
» & cher Cousin , je me suis empressé de la
» communiquer à notre comité qui a trouvé in-
» finiment adroite & politique , la maniere dont
» vous vous êtes comporté en arrivant à Paris.
» M. de Condé , à qui j'ai remis votre missive ,
» n'a pas moins applaudi que nous , aux moyens
» que vous employez pour amener la canaille
» parisienne à détruire elle-même le nouvel ordre
» de choses que son insurrection vient d'établir.
» Necker vient de m'écrire particulièrement ,
» qu'il desire très-ardemment récupérer ce qu'il
» appelle l'honneur inappréciable de mes bonnes
» graces , & qu'il entrevoit la possibilité de me
» faire passer incessamment quatre millions pour
» subvenir aux premiers frais qu'exige le projet
» que nous avons de soulever plusieurs puissan-

» ces contre la France , & de mettre la couronne
» sur une tête plus capable de la soutenir , que
» celle de mon frère. Voyez le Génevois [1],
» flattez-le , témoignez-lui de l'amitié , car c'est
» un besoin pour les *vilains* (2) de se croire aimé
» de nous. Dites-lui sur-tout qu'il est plus im-
» portant que jamais d'accaparer les farines & le
» numéraire , & de faire couper les bleds en verd.
» La reine pense comme nous à cet égard : elle
» soudoie tous les gens de bonne volonté , qui
» veulent épouser notre querelle.

» A l'égard de la Fayette , il assure qu'on peut
» se reposer sur lui , & qu'il se montrera pour
» notre cause , quand il en sera tems.

» Les cabinets de Turin , de Naples , d'An-
» gleterre , de Portugal , de Madrid , de Vienne ,
» de Prusse , s'occupent des moyens d'empêcher
» le *mal français* de gagner chez eux , & de
» nous aider à punir un peuple insolent qui a osé
» lever les yeux jusqu'à ses princes , & les forcer
» à prendre la fuite ; mais bientôt nous serons
» complettement vengés , ou la France entière
» n'offrira que des ruines , des ruisseaux de sang
» & des cadavres.

» Donnez-nous des nouvelles par tous les cour-
» riers , & ne doutez pas , mon cousin , de mes
» sentimens affectueux pour vous ».

Signé D'ARTOIS.

Mais l'attentat de Charles-Philippes sur la personne de notre monarque , son frere & son sou-

---

[1] On voit bien qu'il s'agit ici de Necker.

[2] On appelloit alors *vilains* , les gens qui ne
se qualifiaient pas *écuyers* , *chevaliers* , *marquis* ,
comtes , *barons* , *monseigneurs* , &c.

verain, sa réunion aux conjurés, & les lettres que nous venons de lire, ne sont pas les seules preuves des exécrables projets qu'il a formé contre la France. Chaque jour, chaque heure, chaque pas que nous faisons dans la révolution, nous décèlent ses nouveaux complots contre la liberté de son pays.

Le vendredi 10 septembre dernier, un membre de l'assemblée nationale, lui dénonce une lettre écrite à une dame de *Persan*, ci-devant comte de *Lyon*, nommé *Henri Cordon*, que d'Artois venait d'attirer auprès de lui à Turin. Elle était conçue en ces termes, dont nous garantissons l'authenticité.

» Plus nous allons, plus nous avançons vers le » dénouement ; la mine se charge, elle sera bien- » tôt comblée ; *on est prêt à y mettre le feu* ; » on ne peut calculer les effets de son explosion ; » tâchez de vous garantir du contre-coup, je vous » donne cet avis comme ami ; je laisse à votre pa- » pa, à vous parler de lui ; pour moi, je vous » assure que personne ne vous est plus attaché que » le COMTE HENRI. »

Un nommé *Michel Joan*, sellier est envoyé pour demander l'adresse de ce comte Henri, chez cette dame de persan, par deux femmes à qui cette lettre est communiquée. Elle répond d'abord avec vivacité : *je ne sais ce que c'est, je ne connais pas ce Monsieur là* ; le domestique qui ne voit pas que sa maîtresse a des raisons pour nier, répond ingénuement : *Mais, madame, il y a un Monsieur de ce nom qui venou sort souvent ici.* Joan qui ne peut tirer aucune explication sur le fait qu'il cherche à éclaircir, se retire, & va faire sa déclaration au comité de la section sur laquelle il demeure.

Ce comité juge à propos d'envoyer deux commissaires chez la dame de Persan, pour savoir, par sa bouche, la vérité des faits. Celle-ci voit qu'elle ne peut dissimuler, sans avouer sa correspondance avec Cordon & d'Artois. Après beaucoup d'interrogatoires, elle déclare qu'elle reconnaît la lettre, qu'elle connaît aussi le comte Henri Cordon, qui l'avait écrite, qu'elle ne peut donner aucun détail sur son contenu, *mais qu'elle croit qu'il s'agit d'un armement qui se fait en Sardaigne, pour favoriser une contre-révolution en France*. Elle signe sa déclaration, & les deux commissaires la laissent libre.

Après une longue discussion sur cette affaire, dans laquelle Duval d'Eprémesnil, a dit que si notre constitution est bonne & sage, aucune puissance humaine ne pourra la détruire, mais que si elle viole toutes les loix & les propriétés, aucune puissance humaine ne pourra la garantir, (1) l'Assemblée nationale décrete que le Procureur du Roi au châtelet, informera des faits dans le jour, & que la dame de Persan, ne pourra quitter Paris, qu'après avoir fait sa déposition, à la charge de se représenter quand elle en sera requise.

Le lendemain, elle écrit à nos législateurs une lettre conçue en ces termes :

» Une citoyenne opprimée, arrachée pendant
» la nuit, hors de sa maison, livrée aux re-
» cherches les plus minutieuses, traduite devant
» un tribunal inconnu aux loix, a le droit d'a-
» dresser ses plaintes à l'assemblée nationale. J'ai
» reçu une lettre d'un de mes amis, demeurant

______

[1] Voyez le N°. 401 du journal intitulé : *Assemblée nationale, Commune de Paris & corps administratifs du royaume*, &c.

» en pays étranger. Le nom de mon parent,
» *M. Bouthilier*, est mis dans la bouche d'un
» espion gagé, pour venir découvrir la demeure
» de M. Henri Cordon ; je n'entends rien à cette
» demande : on vient chez moi, on visite mes
» papiers, je suis interrogée pendant quatre heu-
» res, je déclare l'époque à laquelle la lettre
» m'est parvenue ; mais puisque l'assemblée de-
» sire que je répète cette déclaration, la
» voici : j'ai reçu la lettre de M. le comte Henri,
» il y a un mois ou six semaines, *il était alors*
» à *Turin*, je ne sais à présent où il est, n'ayant
» eu depuis, de lui, aucune nouvelle, &c. &c. »

Sans approfondir une affaire dans laquelle toutes
les aparences s'élevaient contre la dame de Persan, le corps legislatif décrete que la garde
établie chez elle se retirera.

Eh bien, cette soi-disante marquise de Persan
n'est autre chose qu'une agente des conjurés à
Paris, où elle observe sans cesse la disposition
des esprits, fomente sourdement des divisions dont
elle rend compte toutes les semaines au prince
féroce & sanguinaire dont nous écrivons la vie.

Voila cependant le monstre qui trouve encore
des partisans en France, où il se dispose à revenir, ainsi que l'annonce la lettre suivante,
adressé par lui à *Monsieur*.

Turin, le 28 *xbre.* 1790.

» Je vous avais juré, mon frère, ainsi qu'à ma
» belle sœur, à Necker, à Bailly & à la Fayette,
» de ne revoir votre ci-devant royaume, qu'à la
» tête de troupes déterminées à nous venger
» ou à périr le fer & la flamme à la main.
» Une foule d'événemens a dérangé ce projet,

» dont l'exécution devait rendre la couronne à
» l'imbécile monarque votre frère, ou la mettre
» sur une tête plus capable que la sienne d'en
» soutenir le poids. Mais ne perdez pas l'espoir,
» & paraissez toujours neutre dans ce qui se
» passe de retour en France, où je serai au plu-
» tard dans le mois de février prochain, je suis
» certain de faire égorger la horde de scélérats,
» dont les opérations mal combinées, ont pré-
» paré la chûte d'un empire, où nous n'avions
» toujours trouvé que des esclaves, qui main-
» tenant s'érigent en souverain. Prénez encore
» courage, & rendez-le aux nôtre; la Fayette
» m'assure qu'il a dans Paris un parti formida-
» ble pour la contre-révolution; les parlements
» secondent sourdement ses projets; un bon ar-
» rêt du vôtre, & cent mille potences plantées
» dans toutes vos rues, rétabliront sur trois mois
» au plutard cet ordre de choses que vos soi-
» disantes milices nationales ont la sottise de croire
» détruit. »

J'attens de vos nouvelles sur-le-champ, &

suis votre affectionné frère D'ARTOIS.

Après la correspondance, & sur-tout la der-
niere lettre qu'on vient de lire, peut on douter
que l'intention de Charles-Philippes, & des autres fugitifs ne soit d'embrâser l'Europe & de
faire de la France un fleuve de sang. Sans doute
si les souverains qu'ils veulent intéresser en leur
faveur, consentaient à être les ministres de leurs
vengeances, des flottes nombreuses bloqueraient
nos ports & feraient des descentes sur nos côtes,
tandis que les armées combinées fondraient sur

nous dans le Dauphiné & la Provence, où la ci-
devant noblesse Française, & tous les mécontens qu'a faits la révolution iraient se joindre à
elles. Mais que pourraient gagner les puissances
qui voudraient combattre un peuple dont toute
l'ambition se borne à être maître sur son terri-
toire, à se donner des loix, & qui a solennel-
lement renoncé à déclarer la guerre à ses voisins,
contre les entreprises desquelles il ne veut que se
défendre ? Une nation peuplée comme la nôtre,
& qui compte six millions d'hommes armés pour
elle, n'a rien à craindre de ses ennemis ; tous
leurs efforts seraient vains contre elle, & bientôt
égorgés les uns sur les autres, ils périraient en
gémissant de leur témérité.

Braves Français, peuple digne de conserver
cette liberté précieuse que vous venez de con-
quérir au prix de votre sang, & après douze siècles d'esclavages, ne souffrez pas que l'infâme
scélérat dont vous connoissez maintenant la vie,
revienne parmi vous, méditer de nouveaux attentats, & consommer la ruine de l'empire. Per-
suadez-vous qu'en un instant, le despotisme re-
naîtrait dans le sein d'une nation régénérée, qu'il
y reprendroit ses anciennes fureurs, & que vous
péririez infailliblement victime de sa rage.

Mais si, malgré votre vigilance, vos ennemis
parviennent à vous forger de nouveaux fers, qu'ils
expirent sous vos coups. Déchirez sans pitié leurs
entrailles palpitantes, et que tous les autres tyrans de l'univers, apprennent avec effroi le châtiment de leurs semblables.

F I N.

BIBLIOTHÈQUE NATIONALE DE FRANCE
3 7531 04999834 8